Dialogo Dell'imprese Militari Et Amorose

Giovio, Paolo, 1483-1552, Domenichi, Lodovico, 1515-1564

DIALOGO

DELL'IMPRESE
MILITARI ET
AMOROSE,

DI MONSIGNOR GIOVIO
VESCOVO DI NOCERA,

CON VN RAGIONAMENTO DI
MESSER LODOVICO DOMENICHI,
NEL MEDESIMO SOGGETTO.

CON LA TAVOLA.

IN VINEGIA APPRESSO GABRIEL
GIOLITO DE' FERRARI.
M D LVII.

AL MOLTO ILL. ET
VALOROSO SIGNORE,
IL SIGNOR CONTE
CLEMENTE PIETRA.

LODOVICO DOMENICHI,

 IA CINQVE ANNI
sono, che Mons. Paolo
Giouio, di felice memo-
ria, persuaso a ciò da me,
ch'egli, per sua molta
bontà *et* cortesia, haueua in luogo di carissimo figliuolo, scrisse un Dialogo ò Trattato dell'Imprese. Et mentre che lo compo-
neua *et* dettaua, *et* poi che l'hebbe com-

* ij

posto *et* finito , uo leua pure in ogni modo farmene un dono , *et* contentauasi ch'io lo publicassi col nome mio . Allaqual cosa non acconsentendo io per mia natural modestia, *et* essendo anchora egli da questo sconsiglia-to da alcuni che poteuano seca; esso final-mente fattone fare una copia con le figure , la donò al Signor Duca. Laqual copia poi in processo di tempo uenuta , non saprei dir come , alle mani d'uno stampatore in Ro-ma , fu per lui diuulgata assai male in ar-nese , lacera , scorretta , *et* mal concia , *et* di quel modo che s'è uista uscire in luce , con assai poco honore dell'Auttore , *et* con mia poca ò niuna sodisfattione . Di che non ne do io la colpa tanto all'Impressore , quanto a colui , che la trascrisse , ilquale di molti nomi corruppe , si come quel che non gl'inte-se ; alcune cose u'aggiunse , *et* parte ancho-ra ne leuò con piu ardire , che giudicio . Ora mentre ch'io staua in pensiero di uolere in

ogni modo prouedere, quanto per me si poteua, et) doueua alla fama et) dignità del
Giouio, ilquale io ho sempre honorato come
Signore, riuerito come maestro, e amato
come Padre; et) ch'io mi risolueua di pu-
blicare quello originale proprio, ch'era ri-
maso appresso di me: Messer Girolamo Ru-
scelli mio cordialissimo amico et) fratello, et)
non men dotto, che gentile et) cortese, mosso da un medesimo spirto, et) dall'affettione, ch'e' portaua a gli scritti di Monsignore, con tutta quella industria et) diligenza,
che per lui s'è potuta maggiore, l'ha fatto
stampare in VINEGIA. Ne contento di
cio, l'ha accompagnato anchora con un suo
bellissimo et) dottissimo Discorso nella medesima materia. Laqual cosa hauendo io
ueduto, et) conoscendo che con tutto cio non
s'era anchora interamente proueduto al pri
mo disordine, seguito per la imperfettione
dell'esemplare, che si diuulgò in Roma: per-

cioche doue mancaua, non ha potuto il Ruscello supplire, se non per congiettura: mi son risoluto di uoler porre in publico quella prima originale & fedel copia, ch'io haueua seruato: parendomi che cio si conuenisse a me per molti rispetti. Iquali mi faranno scusato col mondo d'esser uenuto a questo; si per essere io tenuto alla conseruatione delle cose mie; che mio ueramente posso chiamare questo Dialogo, donatomi gia dall'Auttore; si per essere io obligato d'ogni amoreuole ufficio alla santissima memoria di Monsignor Giouio. Et perche anchora io inuitato dalla nobiltà & piaceuolezza del sogetto, scrissi gia alcune carte nell'istessa materia, si come sogliono essere i padri gelosi della salute & uita de' lor figliuoli; per non lasciarle perdere, ho uoluto accompagnarle con le fatiche del mia celeberrimo padre & Signore: accioche quello spirito, & fauore, che le mie scritture da se non haurebbono giamai, dia loro l'appoggio et) la compagnia del Giouio. Coſi hauendogli uniti et) ridotti in un uolume, con ogni riuerenza gli dedico, et) dono a Vostra Signoria Illuſtriſſima, mouendomi a cio fare molte degne et) giuſte cagioni: de quali oltra gl'infiniti obli-ghi: ch'io tengo ſeco per gl'innumerabili benefici et) fauori da lei riceuuti, la minore et) ultima non è il ſapere io quanto ella ua-glia d'acutezza d'ingegno, et) di uiuacità di ſpirito, et) quanto giudicioſiſſimamente ella ſappia diſcorrere et) ragionare in ogni altra, e in ſimil materia. Senza che per confeſſare ingenuamente come ſta il fatto, io ho da lei imparato la inuentione d'alcune Impreſe, che ſono nel mio Dialogo. A Vo-ſtra Signoria dunque come coſe ſue proprie: mando queſte debili fatiche, delle quali ſe ſarà fatta alcuna ſtima, ne ſaprò grado a lei, per hauermi ella dato occaſione d'affa-ticarmi in cio con l'eſempio di ſe ſteſſa. Che

di continuo con l'altezza de' suoi magnani-
mi pensieri speculando cose altissime et singolari, s'allontana talmente dalla uolgare
schiera, che di grandissimo spatio si lascia
adietro nella strada d'honore et di gloria
molti Capitani Illustri di guerra. Et oltra
cio ne gli studi delle buone lettere fa tale et
tanto frutto, che male ageuolmente si potrà
un dì conoscere, qual fosse la sua principal
professione, ò l'armi, ò le lettere. Bacio le
mani di quella. A XXVIII. di Marzo.
M D L V I. In Fiorenza.

TAVOLA DELL'IMPRESE
MILITARI ET AMOROSE DI
MONSIG. PAOLO GIOVIO
VESCOVO DI NOCERA.

TAVOLA.

TVVOLA.

TAVOLA DELL'IMPRESE ET ALTRE COSE
notabili comprese nel Ragionamento di M. Lodouico Domenichi.

TAVOLA.

TAVOLA.

IL FINE DELLA TAVOLA.

DIALOGO DELL'IM=
PRESE MILITARI, ET
AMOROSE DI MONSIG.
PAOLO GIOVIO VESC.
DI NOCERA.

AL MAGNANIMO S. COSIMO
DE' MEDICI DVCA DI
FIORENZA.

INTERLOCVTORI ESSO MONS. GIOVIO,
ET MESSER LODOVICO DOMENICHI.

ANTA è la cortesia di Vostra
Eccellenza uerso di me, ch'io
mi tengo obligato à renderui
conto di tutto quello ocio, ch'in
gran parte, à uostre amoreuo=
li eshortationi, mi sono usur=
pato in questi fieri caldi del me
se d'Agosto nemico della uecchiaia. E perciò, hauend'io
tralasciata l'historia, come fatica di gran peso, mi sono
ito trastullando nel discorrere con M. Lodouico Dome=
nichi, che à ciò m'inuitaua, sopra l'inuentioni dell'im=
prese, che portano hoggidì i gran Signori: Di modo

A

che, essendo riuscito questo picciol trattato assai pia=
ceuole & giocondo, & non poco graue, per l'altezza
& uarietà de soggetti, mi sono assicurato di mandar=
uelo; pensando, che ui possa esser'opportuno passatem=
po in così fastidiosa stagione; & in cio ho imitato il uo=
stro semplice hortolano, che spesse uolte sopra la nostra
tauola, ricca di uarie & pretiose uiuande, s'arrischia
di presentare un panierino de suoi freschi fiori di rame=
rino, & di borana, per seruire a uno intermesso d'una
saporita insalatuccia. Ha questo trattato molta similitu=
dine con la diuersità di detti fiori, ameni, & gratissimi
al gusto; il quale sarà anchor tanto piu grato a uoi Va=
loroso Signore, quanto ch'egli è nato in Casa uostra?
& l'argomento del presente discorso ha hauuto princi=
pio in tal guisa; Che usando meco famigliarmente M.
Lodouico Domenichi, per cagione di tradurre continua
mente l'historie nostre latine in uulgar toscano, a buon
proposito entrò a ragionare della materia, & arte del=
l'inuentione & imprese, lequali i gran Signori, & no=
bilissimi Caualieri à nostri tempi sogliono portare nelle
soprauestre, barde, & bandiere; per significare parte
de lor'generosi pensieri. al che risposi io. GIOVIO.
Il ragionare appunto di questo soggetto, è proprio
un'entrare in un gran pelago, & da non poterne così to
sto riuscire. DOMENICHI. Per gratia Monsignor'
essendo uoi persona di facile memoria, & spedito in=
gegno, siate contento toccarmene un sommario, massi=
mamente, poi che ui trouate scioperato dallo scriuere
l'historia in questi noiosi giorni, ne' quali assai studia et

guadagna chi sta sano ; ne si possono piu ageuolmente
trapassare , che con la piaceuolezza del ragionare di si=
mili amenissimi concetti, iquali appartengono a l'histo=
ria , & parte riducono a memoria gli huomini segnalati
de' nostri tempi , che gia son passati a l'altra uita , non
senza laude loro : & questo ui sarà molto ageuole ; ha=
uendo uoi gia fatto, per quel ch'io intendo, molte di que=
ste imprese nella uostra piu fresca età a quei Signori, che
ue ne richiesero. G I O. Questo farò io uolentieri, con
patto che uoi m'interroghiate a parte per parte; & io
ui risponderò amoreuolmente, pur che non mi oblighia=
te alla seuerità delle leggi di questo scelto parlar Tosca=
no ; perche io uoglio in tutti i modi esser libero di uoler
parlare alla cortigiana , senza essere scroplulosamente
appuntato dalla uostra Academia ; ricordandomi, d'ha=
uer ancho altre uolte scritto il libro de' Signori de Tur=
chi di casa Othomana ; ilquale libro fu molto ben letto ,
& inteso dal grande Imperatore Carlo Quinto. D O M.
Ringratioui infinitamente di tale offerta , ma ditemi pri=
ma, se il portare queste imprese fu costume antico? G I O.
Non è punto da dubitare, che gli antichi usarono di por
tar Cimieri & ornamenti ne gli elmetti, & ne gli scu=
di : perche si uede chiaramente in Vergilio , quando fa
il Cathalogo delle genti, che uennero in fauore di Tur=
no contra i Troiani, nell'ottauo dell'Eneida ; Anfiarao
ancora (come dice Pindaro)alla guerra di Thebe por=
tò un dragone nello scudo, Statio scriue similmente di
Capaneo , & di Polinice ; che quelli portò l'Hidra , &
questi la Sfinge . Leggesi etiandio in Plutarcho, che nel=

A ij

la battaglia de Cimbri comparue la caualleria loro mol=
to uiſtoſa, ſi per l'armi lucenti, ſi per la uarietà de Ci=
mieri ſopra le celate, che rappreſentauano l'effigie di
fiere ſeluaggie in diuerſe maniere. Narra il medeſimo
auttore, che Pompeo Magno uſò già per inſegna un Leo
ne con una ſpada nuda in mano. Veggonſi ancora i ro=
uerſi di molte medaglie, che moſtrano ſignificati in for=
ma dell'impreſe moderne; come appare in quelle di Tito
Veſpaſiano, dou'è un Delfino inuolto in un'anchora, che
uuole inferire, PROPERA TARDE. Ma laſciando
da canto queſti eſſempij antichiſſimi, in ciò ne fanno an=
cora coniettura i famoſi Paladini di Francia, iquali(per
la uerità)in gran parte non furono fauoloſi; & ueggia=
mo (per quel che gli ſcrittori accennano) che ciaſcun di
lor'hebbe peculiare impreſa & inſegna. Come Orlando
il quartieri, Rinaldo il Leone ſbarrato, Daneſe lo ſca=
glione, Salamon di Bertagna lo Scacchiero, Oluieri il
Grifone, Aſtolfo il Leompardo, & Gano il Falcone.
Il medeſimo ſi legge de' Baroni della Tauola ritonda
d'Artù glorioſo Re d'Inghilterra. L'uſarono ſimilmen=
te i celebrati ne libri della lingua Spagnuola, Amadis de
Gaula, Primaleon, Palmerino, & Tirante il Bianco.
Hora in queſta età piu moderna,come di Federigo Barba
roſſa, al tempo del quale uennero in uſo l'inſegne delle
famiglie, chiamate da noi arme donate da Principi, per
merito dell'honorate impreſe, fatte in guerra,ad effetto
di nobilitare i ualororſi Caualieri,nacquero bizzarriſſi
me inuentioni di Cimieri, & pitture ne gli Scudi; il che
ſi uede in molte pitture a Fiorenza in Santa Maria no=

uella . Ma a questi nostri tempi doppò la uenuta del Re
Carlo Ottauo , & di Lodouico XII.in Italia, ogniu=
no che seguitaua la milicia, imitando i Capitani France=
si , cercò di adornarsi di belle , & pompose imprese ;
delle quali rilucenano i Caualieri appartati compagnia
da compagnia con diuerse liuree ; percioche ricamaua=
no d'argento , di martel'dorato , i saioni , le sopraue=
ste , & nel petto , & nella schiena stauano l'imprese de
Capitani ; di modo che le mostre delle genti d'arme face=
uano pomposissimo & ricchissimo spettacolo , & nelle
battaglie si conosceua l'ardire , & il portamento delle
compagnie . Dom. Io m'auueggio bene , Monsignor,
che uoi hauete fresca memoria , & pero siate contento
ragionarmi di quelle tutte c'hauete uedute ; perche sò
molto bene che hauete conosciuti , & ueduti per faccia
tutti quei Capitani che son contenuti & celebrati nella
uostra historia; & ragioneuolmente hauete dinanzi a gli
occhi la uaghezza de gl'ornamenti loro . Gio. Non
mancarò di ridurmi a mente tutte queste cose , che uói
domandate , parendomi di tornare un'altra uolta gioua
ne , nel fauellarne , delle quali tanto mi dilettaua già ;
che ben pareua uero pronostico , ch'io hauessi a scriuer
l'historia loro . Ma prima ch'io uenga a questi partico=
lari , è necessario , ch'io ui dica le conditioni uniuersali ,
che si ricercano , a fare una perfetta impresa : il che for
se è la piu difficile , che possa essere ben colta da un'inge
gno perspicace & ricco d'inuentioni, laquale nasce dalla
notitia delle cose scritte da gliantichi . Sappiate adunque
M.Lodouico mio , che l'inuentione ò uero impresa, s'ella

A   iij

debbe hauere del buono, bisogna c'habbia cinque condo=
tioni ; Prima giusta proportione d'anima & di corpo ;
Seconda, ch'ella non sia oscura di sorte, c'habbia mi=
stiero della Sibilla per interprete a uolerla intendere ; ne
tanto chiara, ch'ogni plebeo l'intenda ; Terza, che so=
pra tutto habbia bella uista, laqual si fa riuscire molto
allegra, entrandoui stelle, soli, Lune, fuoco, acqua,
arbori uerdeggianti, instrumenti mecanici, animali biz
zarri, & uccelli fantastichi . Quarta non ricerca alcu=
na forma humana . Quinta richiede il motto, che è l'a=
nima del corpo, & uuole essere communemente d'una
lingua diuersa dall'idioma di colui, che fà l'impresa, per
che il sentimento sia alquanto piu coperto : uuole anco
essere breue, ma non tanto, che si faccia dubbioso ; di
sorte che di due ò tre parole quadra benissimo ; eccetto
se fusse in forma di uerso, ò intero, ò spezzato ; Et per
dichiarare queste conditioni, diremo, che la sopradet=
ta anima & corpo s'intende per il motto, ò per il sog=
getto ; & si stima che mancando ò il soggetto all'anima,
ò l'anima al soggetto, l'impresa non riesca perfetta. Ver=
bi gratia ; Cesare Borgia Duca di Valentinois, usò un'
anima senza corpo, dicendo AVT CAESAR, AVT
NIHIL, uolendo dire, che si uoleua cauar la masche=
ra, & far proua della sua fortuna ; onde essendo capi
tato male, & amazzato in Nouarra, Fausto Maddale=
na Romano disse, che'l motto si uerificò per l'ultima par
te alternatiuo, con questo distico.

Borgia Cæsar eram factis, & nomine Cæsar,
Aut nihil, aut Cæsar, dixit, utrunque fuit.

Et certamente in quella sua grande, & prospera fortuna
il motto fu argutissimo, & da generoso, s'egli hauesse
applicato un proportionato soggetto, come fece suo fra
tello Don Francesco di Candia, ilquale haueua per im=
presa la montagna della Chimera, ouero Acrocerauni ful
minata dal Cielo, con le parole ad imitatione d'Horatio,
FERIVNT SVMMOS FVLMINA MONTES, Sì
come uerificò con l'infelice suo fine, essendo scannato &
gittato in Teuere da Cæsare suo fratello. Per lo contrario
disdice etiandio un bel soggetto senza motto, come por=
tò Carlo di Borbone contestabile di Francia, che pinse dē
ricamo nella soprauesta della sua compagnia un Ceruo
con l'ali, & io lo uidi nella giornata di Ghiaradadda;
uolendo dire, che non bastando il correr suo naturale ue
locissimo, sarebbe uolato in ogni difficile & graue peri=
colo senza freno. Laquale impresa, per la bellezza del
uago animale, riuscì (anchor che pompofa) come cieca,
non hauendo motto alcuno, che gli desse lume; il che die
de materia di uaria interpretatione; come acutissimamen
te interpretò un gentilhuomo Francese chiamato la Mot
ta Augrugno, che andò in Roma appresso il Papa, quan
do uenne l'acerba nuoua del Re Christianissimo sotto
Pauia; & ragionandosi della perfidia di Borbone, disse
à Papa Clemente, Borbone, anchora che paia essere sta
to traditore del suo Re, & della patria, merita qualche
scusa, per hauer detto molto auanti quel, ch'ei pensaua
di fare; poi che portaua nella sopraueste il Ceruo con l'a
li, uolendo chiaramente dire, c'haueua animo di fuggire
in Borgogna, alche fare non gli bastauano le gambe, se

A iiij

non hauesse hauuto ancho l'ali ; & perciò gli fu aggiun
to il motto, CVRSVM INTENDIMVS ALIS. Heb
be ancora questo medesimo difetto la bellissima impresa,
che portò la S. Hippolitta Fioramonda Marchesana di
Scaldasole in Pauia, laquale all'età nostra auanzò di gran
lunga ogn'altra donna di bellezza, leggiadria, & crean
za amorosa; che spesso portaua una gran ueste di raso
di color celeste, seminata a farfalle di ricamo d'oro, ma
senza motto, uolendo dire, & auuertire gl'amanti, che
non si appressassero molto al suo fuoco, accio che talho
ra non interuenisse loro, quel che sempre interuiene alla
farfalla, laquale per appressarsi all'ardente fiamma, da
se stessa si abbrucia, & essendo dimandata da Monsignor
di Lescu bellisimo & ualorosissimo Caualiere, ilquale
era allhora scolare, che gli esponesse questo significato ;
è mi conuiene (diß'ella) usare la medesima cortesia con
quei gentilhuomini che mi uengono a uedere, che solete
usar uoi con coloro, che caualcano in uostra compagnia ;
per che solete mettere un sonaglio alla coda del uostro
corsiero, che per morbidezza, & fierezza, trahe de
calci, come uno auuertimento che non si accostino, per
lo pericolo delle gambe. Ma per questo non si ritirò Mon
signor di Lescu, perche moltanni perseuerò nell'amor
suo, & al fine, sendo ferito a morte nella giornata di
Pauia, & riportato in Casa della Signora Marchesana,
passò di questa uita, non poco consolato, poi che lasciò
lo spirto estremo suo nelle braccia della sua cara(come di
ceua)Signora & padrona.

Cadde nel contrario difetto il motto del clarissmo

Iuriscolsulto M. Giason del Maino, ilquale pose il suo bel
lissimo motto sopra la porta del suo palazzo(che ancor'
si uede senza corpo)che dice VIRTVTI FORTVNA
COMES. uolendo significare che la sua uirtù haueua
hauuta bonissima sorte;

Può molto bene essere ancor'una impresa uaga in ui=
sta per le figure , & per li colori , che habbia corpo, et
anima, ma che per la debile proportione del motto al sog
getto diuenti oscura, & ridicola; come fu quella del Du
ca Lorenzo de Medici , ilquale finse ne saioni delle lancie
spezzate , & Stendardi delle genti d'arme(come si uede
hoggi in pittura per tutta la casa) un'albero di lauro in
mezzo a due Leoni; col motto che dice, ITA ET VIR
TVS, per significare , che la uirtù come il lauro è sem=
per uerde . Ma nessuno poteua intendere , quel che im=
portassero quei duo Leoni, chi diceua, che significaua=
no la fortezza , & la clemenza , che fauellano insieme
così accozzati con le teste, & chi l'interpretaua in altro
modo ; di sorte , che un M. Domicio da Cagli Cappella=
no del Cardinale de' Medici , che fu poi Papa Clemente
VII. ilqual Cardinale era uenuto a Fiorenza, per uisita
re il Duca Lorenzo ammalato di quel male, del quale poi
fra pochi mesi si morì , s'assicurò , come desideroso d'in=
tender l'impresa, di dimandarne M. Filippo Strozzi inui
tato dall'humanità sua, dicendo, Signor Filippo, uoi che
sapete tante lettere , & oltre l'esser cognato, sete anco
comes omnium horarum , & particeps consiliorum del
Duca, dichiaratemi , ui prego, che fanno quei due Leo=
ni sotto questo albero? Guatò sott'occhi M. Filippo, &

quadrò il ceffo del Capellano, ilquale ancor che ben to
gato, non sapeua lettere, se non per le feste; & come
acuto, salso, & pronto ch'egli era, non ui auuedete, disse,
che fanno la guardia al lauro per difenderlo da la furia
di questi Poeti, che corrono al romore, hauendo udita la
coronatione dell'Abate di Gaeta fatta in Roma, accio che
non uenghino à spogliarlo di tutte le fronde, per farsi
laureati? Replicò il Capellano, come huomo che si dilet=
taua di far qualche sonetto, che andaua in zoccoli per le
rime, questa è malignità inuidiosa; Soggiungendo, che
domine importa al Duca Lorenzo, che'l buon Papa Leo
ne habbia cortesemente laureato l'Abate Baraballo, &
fattolo trionfare sù l'Elefante? di maniera che la cosa an
dò all'orecchia del Cardinale, & si prese una gran festa
di M. Domicio, come di Poeta magro, & Cappellano
di piccola leuatura.

E' in oltre da osseruare, che non ci sia intelletto di mol
ta superbia, & presuntione, ben che habbia bel corpo,
& bell'anima; perch'ella rende uano l'autore, come fu
quella che portò il gran Cardinale di S. Giorgio Rafael
Riario, ilqual mise in mille luoghi del suo palazzo un
Timone di Galea con un motto di sopra, che dice, H o c
o p v s, quasi uolesse dire, per fare questi magnificentissi
mi edificij & gloriose opere, m'è dibisogno esser Papa,
et gouernare il mondo; laquale impresa riuscì uanissima,
quando fu creato Leone, & dopo; che essend'egli consa
peuole della congiura del Cardinale Alfonso Petrucci, re
stò preso, conuinto, & spogliato delle facultà, & con
finato à Napoli, doue finì sua uita.

Non lascierò di dirui, che sarebbe troppo gran cantafauola, il uoler tassar'i difetti dell'imprese, che son com parse à questo Secolo, composte da sciocchi, & portate da ceruelli busi; come fu quella di quel fiero Soldato(per non dir ruffiano)Bastiano del Mancino; ancor che à quel tempo fusse nome honorato fra spadaccini: che usò di por tare nella berretta una picciola suola di scarpa con la lettera T, in mezzo, & una perla grossa in punta di detta suola, uolendo che s'intendesse il nome della sua dama à questo modo, Magherita te sola di cor'amo.

Vn'altro suo concorente chiamato Pan molena, fece il medesimo, ponendo oro di martello in cambio di cuoio, perche s'intendesse, Margherita te sola adoro, stimando che fusse maggiore efficacia d'Amore l'adorare, che di cuore amore. In questi simili trouati passò il segno M. Agostin Forco da Pauia, innamorato di Madonna Bianca Patiniera: ilquale, per dimostrare d'esser suo fedel seruo, portò una piccola candela di cera, bianca, inserta ta nel frontale del suo berretone di scarlatto per significare, spezzando il nome della candela in tre sillabe, Can, cioe seruo fedele, de la Bianca. Ma ancor questa con piu spesa & maggior argutia fu auanzata dalla medaglia del Caualier Casio Poeta Bolognese, ilquale portaua nella berretta in una grande Agata, di mano del finissimo mae stro Mastro Giouanni da Castel Bolognese, la discensio ne dello spirito Santo sopra i dodici Apostoli; & doman dato un giorno da Papa Clemente, di cui era familiarissi mo, per qual diuotione portasse questa colomba dello Spi rito Santo, & le lingue ardenti sopra il capo de gli Apo

ſtoli, riſpoſe, eſſend'io preſente, Non per diuotione, pa=
dre Santo, ma per eſprimere un mio concetto d'Amore;
eſſend'io ſtato lungo tempo innamorato, & ingratamen=
te ſtratiato da una gentildonna,& forzato d'abandonar
la per non poter ſopportar piu le beffe, & longole de
uarij doni, ch'io gli ſoleua fare, mi figurai la feſta della
Pentecoſte, uolendo inferire ch'io me ne pentiua, & che
molto m'era coſtato queſto innamoramento; Sopra la=
quale eſpoſitione il Papa (ancor che per altro ſeuero)
riſe ſi largamente, che tralaſciò la cena da mezza tauola.

Diede in ſimili ſcogli di ridicola impreſa il gran Car=
dinal di San Pietro in Vincula Galeotto da la Rouere, il
quale facendo dipingere in Cancellaria la ſtanza della uol
ta fatta à lunette, che guarda a Leuante, fece fare otto
gran celatoni di ſtucco, indorati nel Cielo, ſoſpeſi al ra=
mo della quercia ſua peculiare arme, come nipote di Pa=
pa Giulio, acciò che s'intendeſſe, galee otto, che conchiu
deuano il ſuo proprio nome. Ma dicendogli M. Carlo
Arioſto ſuo maeſtro di Caſa,che ci ſarebbono ſtati di que
gli che haurebbono letto celate otto,fu cagione che'l buon
Cardinale,il quale haueua in Caſa pochi ſuegliati et eru=
diti ingegni,ui faceſſe dipingere ſotto otto galee,che an=
dauano à uela & remo, per fuggire l'ambiguità che na=
ſceua fra le celate & le galee,& queſta tal pittura hoggi
di ancora, fa merauigliare & ridere ſpeſſo il Signor Ca
merlingo Guidoaſcanio Sforza,che habita quella ſtanza
come piu honorata.

Furono anchora a quei tempi piu antichi alcuni gran=
di, a' quali mancando l'inuentione de' ſoggetti,ſupliuano

alla lor'fantasia con motti, che riescono goffi, quando son troppo lunghi : come fu il motto di Castruccio Signor di Lucca, quando fu coronato Lodouico Bauaro Imperato re, & egli fatto Senatore Romano, che allhora era gran dissima dignità, ilquale comparue in publico, in un man= to cremesino con un motto di ricamo in petto, che diceua, EGLI E COME DIO VVOLE, & di dietro ne corri spondeua un'altro, E SARA QVEL CHE DIO VORRA.

Questo medesimo uitio della lunghezza de' motti, fu ancho, ben che sopra assai bel soggetto d'apparenza di corpo, in quello del Signor Principe di Salerno, che edi= ficò in Napoli il superbo palazzo, portando sopra il ci= miero dell'elmo un paio di Corna, col motto che diceua, PORTO LE CORNA CHE OGN'HVOMO LE VE DE, ET QVALCHE ALTRO LE PORTA CHE NOL CREDE, Volendo tassare un certo Signor che in temperatamente sparlaua dell'honor d'una Dama, hauen do esso bella moglie, & di sospetta pudicitia ; & questa lunghezza è tanto piu dannata, quanto che il motto è nella natural lingua di chi lo porta ; Perche pare, come ho detto, che quadri meglio in parlare straniero. DOM. Monsignor, uoi mi hauete dato la uita con queste ridico le sciocchezze, di tante imprese che m'hauete narrate. GIO. Sarà dunque tempo, che noi torniamo al propo sito nostro numerando quelle imprese, c'hanno del ma= gnanimo, del generoso, & dell'acuto, & (come si di= ce) del frizzante.

E' mi pare, ch'i gran principi, per hauere presso di

loro huomini d'eccellente ingegno & dottrina, habbiano
conseguito l'honor dell'inuentioni, come sono stati fra gli
altri l'Imperatore Carlo Quinto, il Catholico Re di Spa
gna, il Magnanimo Papa Leone: perche in effetto l'Im
peratore auanzò di gran lunga la bella impresa, laquale
portò già il ualoroso suo auolo materno, Il gran Carlo
Duca di Borgogna. & certamente mi pare, che l'Impre
sa sua delle Colonne d'Hercole col motto del P L V S V L=
T R A, non solamente habbia superato di grauità & leg=
giadria quella del fucile dell'Auolo, ma anchora tutte l'al
tre che habbiano portate in sino ad hora gli altri Re &
Principi. D O M. Per certo queste Colonne col motto, con
siderata la buona fortuna del felice acquisto dell'India Oc
cidentale, ilquale auuanza ogni gloria de gli antichi Ro
mani, sodisfa mirabilmente, col soggetto alla uista, &
con l'anima a gl'intelletti, che la considerano. G I O. Non
ue ne marauigliate, perche l'inuentor d'essa fu un molto
eccellente huomo chiamato mastro Luigi Marliano Mila
nese, che fu medico di Sua Maestà, & morì Vescouo di
Tui, & oltre l'altre uirtù fu gran Matematico, & que=
ste simili imprese suegliate, illustri, & nette, non escono
della bottega di gatte inguantate, ma d'argutissimi Mae=
stri . D O M. Et cosi è uero, ma ditemi di gratia che uo
leste dir uoi, nominando il Fucile del Duca di Borgogna?
Siatemi ui prego Monsignor cortese, & raccontatemi
l'historia di questa famosa inuentione, con laquale s'orna
no di gloriosa colonna i ualorosissimi Caualieri de l'età
nostra, i quali sono nel honoratissimo collegio dell'ordine
del Toson, ampliato da l'inuittissimo Carlo Quinto. GIO.

Questa, di che uoi mi dimandate, è materia molto intri
cata & poco intesa, etiandio da quei Signori, che por=
tano questi fucili al collo, perche ui è anchora appiccato
un uello d'un monton tosato, interpretato da alcuni per
lo uello dell'oro di Giasone portato da gl'Argonauti; &
alcuni lo riferiscono alla Sacra Scrittura del testamento
Vecchio, dicendo ch'egli è il Vello di Gedeon, ilquale si=
gnifica fede incorrotta.

Ma tornando al proposito del Fucile, dico che il ualo
roso Carlo Duca di Borgogna, che fu ferocissimo in ar
me, uolse portare la pietra focaia col fucile & con due
tronconi di legne, uolendo dinotare ch'egli haueua il mo
do d'eccitare grande incendio di guerra, come fu il uero:
ma questo suo ardente ualore hebbe tristissimo successo,
perche imprendend'egli la guerra contra Lorena et Suiz
zeri, fu doppo le due sconfitte di Morat, & di Gran=
son, sbarattato, & morto sopra Nansi la uigilia dell'E
pifania, & questa impresa fu beffata da Renato Duca di
Lorena, uincitore di quella giornata, alquale essendo pre
sentata una bandiera con l'impresa del fucile, disse, per=
certo, questo sfortunato Signore quando hebbe bisogno
di scaldarsi, non hebbe tempo da operare i fucili: et tan=
to piu fu acuto questo detto, quanto che quel di la terra
era coperta di neue rosseggiante di sangue, & fu il mag
gior freddo che si ricordasse mai a memoria d'huomo, di
sorte che si uede nel Duca Carlo, che la ladra fortuna non
uolse accompagnare la sua uirtù in quelle tre sue ultime
giornate. DOM. Per quel ch'io ueggio Mons. parmi che
uoi habbiate incominciato à entrare (come hauete pro=

messo)nelle piu scelte imprese che portarono i gran Re,
et Principi di questa nostra età. Ond'io spero, che come
si sono assottigliati gl'ingegni, & affinate le dottrine da
quello, ch'erano ne' tempi piu uecchi, & lontani dalla
memoria nostra;così l'imprese & inuentioni douerranno
riuscire piu uaghe & piu argute. G i o. Veramente
questi nostri Re, che noi habbiamo uisti in gran parte,
trapassarono, per gloria delle faccende di guerra, & per
bellezza de gli ornamenti dell'imprese,quelle de' lor mag
giori. Et cominciando da quella di Lodouico X I I. Re
di Francia,ella parue ad ogn'huomo di singolar bellez=
za,et di uista,& significato: perche fu a modello di quel
brauo da natura & bellicoso Re, che non si straccò mai
per alcun'trauaglio di guerra, con un'animo sempre in=
uitto, & però portaua nelle sopr'arme chiamate Ottoni
de'suoi Arcieri della guardia un'Istrice coronato,ilquale
suole urtare chi gli da noia da presso, da lontano gli saet
ta, scotendo & lanciando l'acutissime spine, Per il che
dimostraua,che l'arme sue erano pronte & gagliarde da
presso, & da lontano, & benche nelle sopraueste non
fusse motto alcuno, mi ricordo nondimeno hauer uisto
in piu luoghi questa impresa dipinta con un breue di so=
pra, COMINVS ET EMINVS, il che quadraua mol
to. Ho lasciato l'impresa di Carlo Ottauo, perciò ch'ella
non hebbe corpo & soggetto, anchor ch'ella hauesse bel
lissimo motto d'anima,dicendo, SI DEVS PRO NO=
BIS, QVIS CONTRA NOS? ne gli stendardi, et so=
pra i saioni de gli arcieri della guardia non u'era poi al=
tro che la lettera K, con la corona di sopra, che uoleua
significare

significare il nome proprio di Carlo.

Non fu men bella di quella di Lodouico, l'impresa che portò il successore & genero suo Francesco primo, il qua le come portaua la giouen'e eta sua , mutò la fierezza dell'imprese di guerra, nella dolcezza & giocondità amo rosa ; & per significare , che ardeua per passioni d'A= more, & tanto le piaceuano , che ardiua di dire , che si nutriua in esse, portaua la Salamandra, che stando nelle fiamme , non si consuma , col motto Italiano che diceua. MI NVTRISCO, essendo propria qualita di quello animale , spargere dal corpo suo freddo humore sopra le bragie , onde auuiene , ch'egli non teme la forza del fuo co , ma piu tosto lo tempera & spegne . Et fu ben uero, che quel generoso, & humanissimo Re non fu mai senza amore , essendosi mostrato ardentissimo & liberalissimo conoscitore d'huomini uirtuosi, & d'animo indomito con tra la fortuna, come la Salamandra in ogni caso de succes si di guerra ; & questa inuentione fu fabricata dal suo nobilissimo ingegno.

Non cede in alcuna parte alla suddetta quella , che di presente porta il figliuolo successor suo il Magnanimo Re Henrico ; il quale continua di portare l'impresa, che gia fece quando era Delfino, che è la Luna crescente, col brauo motto pieno di graue sentimento, DONEC TO= TVM IMPLEAT ORBEM, uolendo denotare, ch'egli, fin che non arriuaua all'heredità del regno , non poteua mostrar il suo intero ualore , si come la Luna non può compitamente risplendere , se prima non arriua alla sua perfetta grandezza , & di questo suo genero o pensiero

n'ha gia dato chiarissimo saggio con la ricuperatione di
Bologna, & altre molte imprese, com'ogniun sà in Ita=
lia. Per il che gli fu da me fatta a richiesta del Signor
Mortier Ambasciator Francese in Roma doppo la morte
del Re Francesco una Luna piena di tutto tondo con un
motto di sopra CVM PLENA EST, FIT AEMVLA
SOLIS, Per dimostrar, ch'egli haueua tanto splendore,
che s'agguagliaua al Sole, facendola notte chiara, com'il
giorno. DOM. Senza fallo queste tre imprese di questi
tre Re Francesi hanno (a mio parere) tutta quella gran
dezza, che si ricerca, sì di soggetto & uista, come di
spirito & significato; & non sò se gli argutissimi Spa=
gnuoli u'aggiungeranno, GIO. Voi non u'ingannate
certo, perche difficil cosa è il megliorare.

Ma il Re Catholico ne cauò la macchia, quando por=
tò il nodo Gordiano con mano la d'Alessandro Magno, il
quale con la Scimitarra lo tagliò, non potendolo sciorre
con le dita, col motto di sopra, TANTO MONTA, et
acciò che intendiate il pensiero di quel prudentissimo Re,
uoi douete hauer letto in Quinto Curtio, come in Asia
nella Città di Gordio era in un tempo l'inestricabil nodo
detto Gordiano, & l'Oracolo diceua, che chi l'hauesse
saputo sciorre, sarebbe stato Signore dell'Asia; perche
arriuandoci Alessandro, ne trouando capo da scior la
fatal bizzaria, con sdegno lo tagliò, et Oraculum aut im
pleuit, aut elusit. Il medesimo interuenne al Re Catho
lico, il quale hauendo litigiosa differenza sopra l'heredi
tà del Regno di Castiglia, non trouando altra uia, per
conseguir la giustitia, con la spada in mano lo combatte,

& lo uinfe, di maniera che così bella imprefa hebbe gran
fama, et fu pari d'erudita leggiadria a quella di Francia:
fu opinione d'alcuni; ch'ella fuffe trouata dal fottile inge
gno d'Antonio di Nebriffa huomo dottiffimo in quel tem
po, ch'egli rifufcitò le lettere latine in Hiffpagna.

Ma in uerità, anchor che molte imprefe fiano riufci=
te eccellentiffime da gli ingegni Spagnuoli, come fu quel
la che portò don Diego di Mendozza, figliuolo del Car=
dinale Caualier ualorofo & honorato nelle guerre del
gran Capitano Confaluo Ferrante; tutta uolta ce ne fono
ufcite delle fciocche et ftroppiate circa le conditioni antè
dette, che fi richiedono in effa, come furono quelle di
quel Caualiero di cafa Porres; ilquale feruendo a una da
migella della Reina Ifabella, che fi chiamaua Anna, &
dubitando ch'ella non fi maritaffe in un'altro Caualier
piu ricco di lui, il quale la ricercaua per cafarfi con lei,
uolfe auuifarla, ch'ella fteffe conftante nell'amor fuo uerfo
di lui, & non confentiffe a quel maritaggio, portando
ful cimiero un Anitroccolo, che in lingua Spagnuola fi
chiama Annadino, il qual nome fpezzandolo per le fillа
be diceua, ANNA, DI, NÒ.

Fu anchora fimile quella, che usò don Diego di Guf=
man, il quale hauendo riportato poco cortefe cera dalla
fua Dama & un certo rabbuffo, portò in gioftra per ci
miero un gran cefto di malua fiorita, ad effetto di figni
ficare MALVA il negotio d'Amore. DOM. Quefte
fi che danno fcacco alla candela Bianca, & a quella della
Penthecofte, ma fupplite a fimili fciochezze con l'impre
fa di Don Diego, laqual uoi poco innanzi hauete detto,

che fu belliſſima. G I O. Si ueramente, & forſe unica
tra quant'altre ne ſono uſcite, non ſolo di Spagna, ma
d'altronde ; & fu, che hauend'egli tentato il guado con
la ſua Dama, & trouati mali paſſi per poterla arriuare,
occupato dal dolore, & quaſi diſperato ſi preſe una ruo
ta con quei uaſi che leuano l'acqua & la gittano fuora ;
& perche di punto in punto quaſi la metà di eſſi ſi truo
ua piena, pigliando l'acqua, & l'altra uota per gittarla
fuora, naſceua da quei uaſi un motto in queſta guiſa,
L OS LLENOS DE DOLOR, Y LOS VAZIOS
DE SPERANZA, Laquale fu ſtimata impreſa di ſottile
inuentione, & quaſi unica uiſta, perche l'acqua & la
ruota dauano gran preſenza di ſuggetto a chi la mira=
ua, & inferiua che'l ſuo dolore era ſenza ſperanza di
rimedio.

Fu aſſai bella quella del Signore Antonio da Leua, il
quale eſſendo per la podagra portato in ſedia, fece porta
re dal Capitano punto nelle bande del ſuo corſiere Capi=
tanale, quando fu coronato in Bologna Carlo Quinto
Imperatore; & reſtituito il Ducato di Milano a France=
ſco ſforza queſto motto, SIC VOS NON VOBIS,
Et l'impreſa fu ſenza corpo, il quale ſe ci fuſſe ſtato, non
ſi ſarebbe potuto dir meglio, perche uoleua inferire, co
me per uirtù ſua s'era acquiſtato, & conſeruato lo ſta=
to di Milano, & poi reſtituito al Duca dall'Imperatore,
hauendo egli deſiderato di tenerlo per ſe, contra la forza
di tutta la lega com'egli haueua fatto por inanzi. Et per
che s'ha da ſeguir l'ordine della nobiltà, ui dirò l'impre
ſe di quattro Re ultimi d'Aragona, & fra l'altre quel

che uoleſſe ſignificare il libro apperto, che fu impreſa
del Re Alfonſo primo. D o m. che libro fu queſto Monſ?
S.G i o. Hebbe queſto Re Alfonſo per impreſa un libro
aperto, come u'ho detto, il quale non hauendo anima di
motto alcuno, molti reſtarono ſoſpeſi & dubbij del ſi
gnificato,& perche egli fu Re d'incomparabil uirtù, ſi
nel meſtier dell'armi, come nella notitia delle lettere,&
nella prattica del Ciuil gouerno, chi diceua una coſa,&
chi ne diceua un'altra, ma il piu de gli huomini ſtima-
rono ch'ei uoleſſe dire, che la libertà fuſſe la piu pretio
ſa coſa che poteſſe hauer l'huomo, & perciò eſſo come
prudentiſſimo non preſe mai moglie, per non farſi ſeruo
per elettione, alcuni diſſero,che gli portò il libro deno
tando, che la perfettione dell'intelleto humano, conſiſta
nella cognitione delle ſcienze & dell'arti liberali, delle
quali ſua Maeſtà fu molto ſtudioſa,ma trapaſſando queſto ſignificato del libro aperto,dico che'l Re Ferrãte ſuo
figliuolo hebbe una belliſſima impreſa,laqual nacque dal
tradimento & ribellione di Marino di Marciano Duca di
Seſſa & Principe di Roſſano, il quale anchor che fuſſe
cognato del Re, s'accoſtò non dimeno al Duca Giouanni
d'Angiò, & macchinò d'amazzar a parlamento il Re
ſuo Signore,ma per l'ardire,& franchezza del Re l'effet
to non potè ſeguire d'ucciderlo, l'hiſtoria di quel caſo ſta
ſcolpita di bronzo ſopra la porta del Caſtel nuouo, &
eſſendogli doppo alcun tempo uenuto alle mani,& poſto
prigione il detto Marino, ſi riſolſe di non farlo morire
dicendo, non uolerſi imbrattare le mani nel ſangue d'un
ſuo parente, anchor che traditor & ingrato, contra il

B   iij

parere di molti ſuoi amici partigiani, & conſiglieri:
Et per dichiarare queſto ſuo generoſo penſiero di Clemē
za, figurò un'Armellino circondato da un riparo di leta
me, cō un motto di ſopra, MALO MORI, QVAM FOE=
DARI, eſſendo la propria natura dell'armellino di pati=
re prima la morte per fame, & per ſete che imbrattarſi,
cercando di fuggire, di non paſſar per lo brutto, per
non macchiare il candore, & la pulitezza della ſua pre
tioſa pelle.

   Ne portò anchora il Re Alfonſo ſecondo ſuo figliuo=
lo una braua, ma molto ſtrauagante, come compoſta di
ſillabe di parole Spagnuole, & fu che approſſimandoſi
ſopra la guerra il giorno della battaglia di Campo morto
ſopra Velletri, per eſſortare i ſuoi Capitani & ſoldati,
dipinſe in uno ſtendardo tre Diademe di Santi inſieme,
con un breue d'una parola in mezzo VALER. Signi=
ficando che quel giorno era da moſtrare il ualor ſopra=
tutti gli altri, pronuntiando alla Spagnuola, Dia de mas
ualer; laquale impreſa forſe hauerete uiſta dipinta nell'a
trio del noſtro Muſeo.

   Bella in uero fu quella del Re Ferrandino ſuo figliuo
lo, il quale hauendo generoſi, & reali coſtumi di libe=
ralità & di clemenza, per dimoſtrare, che queſte uirtù
uengono per natura, & non per arte, dipinſe una mon
tagna di diamanti, che naſcono tutti a faccia, come ſe fuſ
ſero fatti con artificio della ruota & della mola, col mot
to che dicea, NATVRAE ET NON ARTIS OPVS, Ne
fu men lodata quella del Re Federigo, come zio carnale
ſuceſſo nel regno al nipote Re Ferrandino, il quale ti op=

po tosto , sopra l'ordine del trionfo della sua uittoria ,
per iniquità delle parche, in un soffio fu leuato di questo
mondo. Hauendo dunque il Re Federigo preso il possesso
del Regno conquassato per la fresca guerra , & contami
nato dalla fattione Angioina, per assicurare gli animi de'
Baroni della contraria parte , si fece per impresa un Li
bro da conto legato in quella forma , con le corregie et
fibbie, che si uede appresso de' Banchieri, ponendoui per
titolo , M C C C X C V. Et figurando molte fiamme ch'u=
sciuano fuora de' fogli per le margini del Libro serrato
con un motto tolto dalla sacra Scrittura che diceua , R n
CEDANT VETERA , per palesare il nobile decreto
dell'animo suo, che a tutti perdonaua gli errori, & pec
cati di quell'anno. & ciò fu proprio a imitatione de gli
antichi Atheniesi, i quali fecero lo statuto dell'Amnestia
che significa obliuione di tutto il passato, anchor che al
buon Re Federigo ciò non giouasse molto; perche fra cin
que anni per la impensata conspiratione di Ferdinando
Re di Spagna, con Lodouico X I I. di Francia, fu sforza
to abbandonare il Regno , & lasciarlo a quei due Re ,
che se l'hauean diuiso.

Furono altri Principi d'Italia & famosi Capitani, che
si dilettarono dimostrare i concetti loro con uarie im=
prese , & diuise , fra le quali fu tenuta bella a quel tem
po che glingegni non erano così aguzzati, quella di Fran
cesco Sforza Duca di Milano , che hauendo preso il pos
sesso dello stato per uigore dell'heredità della moglie Ma
donna Bianca Visconte, & con la forza dell'armi quieta
te le cose, & fatta la mirabil fortezza di porta Giouio,

B   iiij

fece di ricamo sopra la giornea militare un brauo ueltro,
ò uogliam dir liuriere assentato con le gambe di dietro,
et inalzato co pie dināzi sotto un pino col motto, Q V I E
T V M N E M O I M P V N E L A C E S S E T. Inferendo che
egli non daua molestia ad alcuno, ma era pronto a offen
dere & difendersi da chi hauesse hauuto ardire di mole
starlo. Et lo mostrò molto bene contra i Signori Vinitia
ni, quando fece calare il Re Renato di Prouenza per re
primergli la cupidità, laqual pareua ch'essi hauessero di
quello stato.

Alla bellezza della detta leggiadra impresa fece buon
paragone la troppo oscura che usò Galeazzo suo figliuo
lo & successore, laquale fu un Leone assettato sopra un
gran fuoco con un'elmetto in testa, bella certo da uedere
in pittura, ma riputata senza Sale, perche non hebbe
anima di motto, & però a pena intesa dall'Autore; onde
non m'estenderò a narrare i diuersi interpretamenti che
faceuano le brigate, i quali spesse uolte riusciuano uani et
ridicoli.

Ma fu ben molto erudita & bella in uista, anchorche
alquanto presontuosa, quella c'hebbe il Duca Lodouico
suo fratello senza motto, ilquale, per openione di pru=
denza, fu tenuto un tempo arbitro della pace & della
guerra in Italia, & perciò portò l'albero del Gelsomoro
per impresa, laquale come dice Plinio, è riputata sapien
tißima omnium arborum, perche fiorisce stando per fug
gire il gelo & le brine, & fa frutto prestißimo, inten=
dendo di dire che con la sauiezza sua conosceua i tempi
futuri, ma non conobbe già che'l chiamare, Francesi in

Italia, per isbattere il Re Alfonso suo capital nemico;
fusse cagione della ruina sua, & cosi diuentò fauolosa;
& schernita la sua prudenza hauendo finita la sua uita
nella prigione della torre di Loces in Fracia, ad essempio
della misera uanagloria humana, faceuasi etiandio chia=
mare Moro per sopranome, & quando passaua per le
strade, s'udiuano alzar le uoci da fanciulli & da botte=
gai, Moro, Moro, & continuando i simil uanità ha=
uendo fatto dipingere in Castello l'Italia in forma di Rei
na che haueua in dosso una uesta d'oro ricamata a ritrat
ti di Città che rassimigliauano al uero, & dinanzi le sta
ua uno scudier moro negro con una scopetta in mano.
Perche dimandando l'ambasciador Fiorentino al Duca, a
che seruiua quel fante negro, rispose che scopettaua quel
la ueste & le Città per nettare d'ogni bruttura, uolendo
che s'intendesse il Moro essere arbitro dell'Italia, & asset
tarla come gli pareua, replicò allhora l'acuto Fiorenti=
no, Auuertite Signore, che questo seruo maneggiando
la scopetta, uien a tirarsi tutta la poluere addosso, il che
fu uero pronostico. Et è da notare, che molti credono,
che Lodouico fusse chiamato Moro, perch'egli fusse bru
no di carne, & di uolto, in che s'ingannano, perch'egli
fu piu tosto d'una carnagione bianca et pallida che negra,
come habbiamo ueduto d'appresso.

Sopra tutti non solamente i principi d'Italia, ma etian
dio sopra quelli de la Casa de Medici suo maggiori ne tro
uò una bellißima Giouanni Cardinale de Medici, il quale
fu detto poi Papa Leone & fu doppo che esso per mano
dell'armi Spagnuole fu rimesso in Fiorenza, essendo sta=

to diciott'anni in esilio, l'impresa fu un Giogo come por
tano i buoni, & il motto diceua, S V A V E, per signifi
care di non essere ritornato a uoler essere Tiranno della
patria, col uendicarsi dell'ingiurie fattegli da suoi con=
trari, & fattiosi Cittadini, pronuntiandogli che'l suo
principato sarebbe stato clemente, & soaue: col motto
della Sacra Scrittura, conforme all'habito sacerdotale che
portaua, cauato da quel che dice, Iugum meum suaue
est, & onus meum leue. Et certamente quadraua molto
alla natura sua, & fu tale inuentione del suo proprio sot
tile, & erudito ingegno, anchor che paia che'l detto
giogo fusse prima del gran Cosmo: il quale quando fu ri
chiamato dall'esilio alla patria, figurò in una medaglia
Fiorenza assettata sopra una sedia col giogo sotto i pie=
di, per dinotare quasi quel detto di Cicerone, Roma pa
tre in patriæ Ciceronem libera dixit, & per la bellezza
fu continuato il portarlo nel pontificato di Leone, &
meritò d'esser stampato nelle monete di Fiorēza. D O M.
Piacemi molto questa impresa, & la giudico molto bella;
ma di gratia non u'incresca raccontarmi anchora l'altre
dell'Illustrißima Casa de Medici, & con esse toccar dif=
fusamente il perche dell'imprese, perche l'historia porta
gran luce, & diletteuol notitia, a questo discorso. G I O.
Io non posso andar piu alto de tre diamanti, che portò
il gran Cosmo, i quali uoi uedete scolpiti nella camera
dou'io dormo, & studio, ma a dirui il uero, con ogni
diligentia cercandolo, non potetti mai trouare precisa=
mente quel che uolessero significare, & ne stette sempre
in dubbio Papa Clemente, che dormiua anchor egli in

minor fortuna in quella camera medesima . E' ben uero
che diceua , che'l Magnifico Lorenzo s'haueua usurpato
un d'essi con gran galanteria , insertandoui dentro trè
penne, di tre diuersi colori, cioè uerde,bianco, & rosso,
uolendo che s'intendesse , che Dio amando fioriua in que
ste tre uirtù , Fides , Spes , Charitas appropriate a que
sti tre colori , la Speranza uerde,la Fede candida,la Cha
rità ardente,cioè rossa, con SEMPER, da basso,laquale
impresa è stata continuata da tutti i successori della casa,
& Sua Santità etiandio la portò di ricamo ne saioni de
caualli della guardia , di dietro per rouerscio di detto
Giogo.

Prese il Magnifico Pietro figliuolo di Cosmo per im=
presa un Falcone, che haueua ne gli artigli un diamante,
il quale è stato continuato da Papa Leone , & da Papa
Clemente, pure col breue del SEMPER, riuolto,accom
modato al titolo della religione che portano i Papi , an=
chor che sia,come è detto di sopra,cosa goffa a far impre
se di sillabe , & di parole . Perche il Magnifico Pietro
uoleua intendere, che si debba fare ogni cosa amando
Dio . Et tanto piu ciò uiene a proposito , quanto che il
Diamante importa indomita fortezza, contra suoco &
martello , come miracolosamente il presato Magnifico fu
saldo contra le congiure & insidie di M. Luca Pitti.

Vsò il Magnifico Pietro figliuolo di Lorenzo , come
giouane & innamorato, i tronconi uerdi incaualcati, i
quali mostrauano fiamme, & uampi di fuoco intrinseco,
per significare che'l suo ardor d'amore era incomparabi=
le , poi ch'egli abruciaua le legna uerdi ; & fu questa in

uentione del dotiſſimo huomo M. Angelo Politiano , il
quale gli fece anchor queſto motto d'un uerſo latino ,

IN VIRIDI TENERAS EXVRIT FLAMMA
MEDVLLAS.

Il Magnifico Giuliano ſuo fratello , huomo di boniſſi
ma natura , & aſſai ingenioſo , che poi ſi chiamò Duca
di Nemours , hauendo preſa per moglie la zia del Re di
Francia , ſorella del Duca di Sauoia, & eſſendo fatto Con
falonier della Chieſa , per moſtrare che la fortuna, laqua
le gli era ſtata contraria per tanti anni , ſi cominciaua a
riuolgere in fauor ſuo , fece far un'anima ſenza corpo in
uno ſcudo triangolare, cio è una parola di ſei lettere, che
diceua , GLOVIS , & leggendola a rouerſcio , SI
VOLG , come ſi uede intagliato in marmo alla chiauica
Traſpontina , in Roma , & perche era giudicata di peſo
oſcuro & leggieri , gli affettionati ſeruitori interpreta
uan le lettere a una , facendolo dire diuerſiſſimi ſentimen
ti , come faceuano coloro nel concilio di Baſilea , che in=
terpretarono il nome di Papa Felice , dicendo , Fœlix, id
eſt falſus cremita , ludificator .

Et perche di ſopra è ſtato ragionato dell'impreſa di
Lorenzo , non accade dir altro , ſe non dell'impreſa di
Papa Clemente , che ſi uede dipinta in ogni luogo , & fu
trouata da Domenico Buoninſegni Fiorentino , ſuo The=
ſorieri , il quale uolentieri ghiribizzaua ſopra i ſecreti
della natura , e ritrouo che i raggi del Sole trapaſſando
per una palla di criſtallo ſi fortificano talmente , & uni=
ſcono ſecondo la natura della proſpetiua, che abbruciano
ogni oggetto , eccetto le coſe candidiſſime , & uolendo

Papa Clemente moſtrare al mondo, che'l candore dell'ani
mo ſuo non ſi poteua offender da maligni, ne dalla for=
za, uſò queſta impreſa, quando i nemici ſuoi al tempo
d'Adriano gli congiurarono contra per torgli la uita,et
lo ſtato, & non hebbero allegrezza di condurre a fine
la congiura, & ueramente la uita & il gouerno,ch'egli
teneua in Fiorenza,non meritaua tanta crudeltà, a'meno
di ſangue ; & l'impreſa riuſciua magnifica & ornatiſſi=
ma, perche u'entrauano quaſi tutte le coſe c'hanno illu=
ſtre apparenza,& la fanno bella, come fu detto da prin
cipio, cioè la palla di criſtallo, & il Sole, i raggi tra=
paſſanti, la fiamma eccitata da eſſi, in un cartoccio bian
co col motto, C A N D O R I L L E S V S, Ma con tutto
queſto ſempre fu oſcura a chi non ſa la proprietà ſudet=
ta, di ſorte che biſognaua che noi altri ſeruitori ſuoi l'e=
ſponeſſimo ad ogni uno, & rendeſſimo conto di quel che
haueua uoluto dire il Buon'inſegni, & di quel che Sua
Santità diſegnaſſe d'eſprimere ; il che ſi deue fuggire in
ogni impreſa, come è ſtato detto di ſopra.   Et peggia
fu, che eſſendo il motto ſcritto in un breue diuiſo per ſil
labe,in quattro parole,cioè C A N D O R I L L A E S V S;
un M. Simone ſchiauone Capellano di Sua Santità, che
non haueua tante lettere che poteſſero ſeruire per uſo di
caſa fuor della meſſa,tutto ammiratiuo mi domandò quel
che uoleſſe ſignificare il Papa in quel brieue, perche non
uedeua che gli fuſſe a propoſito, ille, ſus, non uolendo
dir altro che quel porco, dicendo ſpeſſo, ille uuol dir
pure quello, & ſus uuole pur dir porco, come ho im=
parato a ſcola a Sebenico. La coſa andò in gran riſa,&

paſsò fin'à S.Santità , & diede auuertimento a gli altri ,
che non debbano ſpezzar le parole per lettere , per con
cauſare ſimili errori d'Amfibologia appreſſo de goffi , i
quali preſumono d'hauere la lor parte di ſapere, come ſi
dice fin'al finocchio.

Quella anchora che figurò il Molza a Hippolito Cardi=
nal de' Medici, benche fuſſe belliſsima di uiſta & di ſog=
getto , hebbe mancamento, perche non fu compitamente
inteſa , ſenon da dotti , & prattichi , & ricordeuoli del
Poema d'Horatio, Percioche uolend'egli eſprimere , che
Donna Giulia di Gonzaga riſplendeua di bellezza ſopra
ogn'altra , come la ſtella di Venere chiamata uolgarmen
te la Diana , c'ha i raggi per coda a ſimilitudine di Co=
meta , & riluce fra l'altre ſtelle , le poſe il motto che di
ceua , INTER OMNES.

Perche Horatio dice, micat inter omnes Iulium ſidus.
Ma queſta impreſa haueua forma di Cometa , & coſi gli
pronuntiò & gli portò la morte, perche finì la ſua uita,
aſſai toſto in un Caſtello di quell'unica , & Eccellentiſsi=
ma Signora, chiamato Itri, con dolore & danno di tutta
la corte Romana.

Hebbe ancho poco auanii un'altra impreſa dell'Ecli=
pſi, figurando la Luna nell'ombra , che fa la terra inter
media , poſta fra lei & il Sole, con un motto che diceua;
HINC ALIQVANDO ELVCTABOR; Volendo in
ferire, ch'egli era poſto nelle tenebre di certi penſieri tor
bidi & oſcuri , de' quali deliberaua uſcir toſto ; i quali
penſieri perche furono ingiuſti , & poco honeſti a tanto
huomo; per non dipingerlo pazzo, & nemico della gran

dezza di casa sua, lasseremo de esplicare il significato
dell'impresa, laquale sarà pero intesa da molti, c'hanno
memoria di lui.

Doppo la morte del Cardinale, il Duca Alessandro
hauendo tolto per moglie, & fattone le nozze, Madama
Margherita d'Austria figliuola dell'Imperatore, & go-
uernando Fiorenza con egual giustitia grata à Cittadini,
massimamente ne casi del dare & dell'hauere, & ritro-
uandosi gagliardo, & potente della persona, desideraua
farsi famoso per guerra, dicendo che per acquistar gloria, & per la fattione Imperiale sarebbe animosamente
entrato in ogni difficile impresa deliberando di uincere, ò
morire. Mi domandò dunque un giorno con instanza, che
io gli uolessi trouare una bella impresa per le sopraueste
d'arme secondo questo significato. Et io gli elessi quel fiero animale, che si chiama Rhinocerote, nemico capita-
le ell'Elefante, ilquale essendo mandato a Roma, accioche combattesse seco, da Emanouello Re di Portogallo,
essendo gia stato ueduto in Prouenza, doue scese in terra,
s'affogò in mare per un'aspra fortuna, ne gli scogli poco
sopra porto Venere; ne fu possibile mai, ché quella be-
stia si saluasse per essere incatenata, anchorche nuotasse
mirabilmente, per l'asprezza de gli altissimi scogli, che
fa tutta quella costa. Però ne uenne a Roma la sua uera
effigie, & grandezza, & ciò fu del mese di Febraio
l'anno M D X V. con informationi della natura sua, laquale secondo Plinio, et si come narrano i Portughesi è d'andare a trouare l'elefante assaltandolo, & percotendolo
sotto la pancia con quel duro & acuto corno, ch'egli tie-

ne ſopra il naſo ; ne mai ſi parte dal nemico , ne dal com
battimento ſin che non l'ha atterrato & morto , che il
piu delle uolte gli ſuccede, quãdo l'Elefante con la ſua pro
boſcide non l'afferra per la gola,& non lo ſtrangola nel
appreſſarſi . Feceſi dunque la forma del detto Rhinoce
rote in belliſſimi ricami,che ſeruiuano anchor per coper
ta di caualli barbari, i quali corrono in Roma & altro=
ue il premio del palio , con un motto di ſopra in lingua
Spagnuola , NON BVELVO SIN VENCER, Io
non ritorno indietro ſenza uittoria , ſecondo quel uerſo
che dice.

Rhinoceros nunquam uictus ab hoſte redit.

Et parue che queſta impreſa gli piaceſſe tanto, che la
fece intagliare di lauoro d'aginia nel corpo della ſua
corazza.

DOM. Poi che uoi hauete racontate l'impreſe di que
ſti Illuſtriſſimi Principi della Caſa de Medici gia morti,
ſiate contento anchora di dir qualche coſa di quelle che
porta l'Ecellentiſſimo Signor Duca Coſmo,delle quali tan
te ſe ne ueggono in palazzo di detti Medici. GIO.Cer
to che il giorno delle nozze ſue io ne uidi molte fabricate
da gentili ingegni, ma ſopra tutte una me ne piacque per
eſſere molto accomodata a ſua Eccellenza, laquale hauen
do per horoſcopo, & ſcendente ſuo il Capricorno , che
hebbe anche Auguſto Ceſare(come dice Suetonio)et però
fece battere la moneta con tale imagine,mi parue queſto
bizzaro animale molto al propoſito, maſſimamente che
Carlo Quinto Imperatore , ſotto la cui protettione fiori
ſce il principato del prefato Signor Duca,hebbe anchor,

egli

egli il medesimo ascendente . Et parue cosa fatale , che'l
Duca Cosino , quel medesimo dì , di Calendi d'Agosto ,
nel qual giorno Augusto conseguì la uittoria contra Mar
'antonio & Cleopatra sopra Attiaco promontorio , &
quel giorno anch'egli sconfisse & prese i suoi nemici Fio=
rientini a Monte Murlo . Ma a questo Capricorno , che
porta Sua Eccellenza , non hauendo motto, accio che l'im
presa sia compita , io ho aggiunta l'anima d'un motto la
tino , FIDEM FATI VIRTVTE SEQVEMVR;
Quasi che uoglia dire, Io farò con propria uirtù forza
di conseguire quel che mi promette l'horoscopo . Et così
l'ho fatto dipingere figurando le stelle che entrano nel se
gno del Capricorno , nella camera dedicata all'Honore ,
laqual uedeste al Museo , doue è anchora l'Aquila che si
gnifica Gioue, & l'Imperadore , che porge col becco una
Corona Trionfale col motto che dice, IVPPITER ME=
RENTIBVS OFFERT, Pronosticando che Sua Eccel
lenza merita ogni glorioso premio per la sua uirtù

Hebbe un'altra nel principio del suo principato dot=
tamente trouata dal Reuerendo M. Pierfrancesco de Ric
ci suo maggior duomo , & fu quel che dice Vergilio nel
l'Eneida del Ramo d'oro col motto . VNO AVVLSO
NON DEFICIT ALTER, figurando un ramo suelto
dell'albero, in luogo del quale ne succede subito un'altro;
uolendo intendere che se bene era stata leuata la uita al
Duca Alessandro , non mancaua un'altro ramo d'oro nel
la medesima stirpe.

DOM. Parmi Monsignor che habbiate tocco a bastan
za quel che ragioneuolmente spetta alla Casa de Medici.

Resta che parliate de gli altri Principi, & famosi Capi
tani, i quali hauete conosciuti a tempo uostro. GIO.
Farollo, & dico che gia uoi con lo stuzzicarmi, mi fare
te ricordare di molte cose attenenti a questo proposito ;
& non mancarò di fregarmi la collottola, per seruire al
uostro desiderio, pur che per lo numero tante imprese
non ui uengano a noia. DOM. Questa memoria non è
per uenire si tosto a noia a persona che habbia giudicio,
& che si diletti di gentilezze erudite, però ui priego
che non ui scusiate con si fiero, & estremo caldo, il qua=
le anchor che siamo a sedere, & in luogo assai fresco, gran
demente ui fa sudare. GIO. E' mi pare dunque di met=
ter mano, se cosi ui piace, alla bossola de gran Capita=
ni, i quali uoi hauete uisti celebrati da me nell'historia.
E' mi par che l'honor di Roma meriti che si cominci da
Romani : perche eglino in effetto hanno portato in se
grandezza & grauità di scielti Capitani, come heredi
dell'antica uirtù della patria, fra quali a miei giorni le
due principal famiglie, & capi dell'antica fattione Guel
fa & Ghibellina che si chiamano Orsini & Colonnesi,
n'hanno hauuto un bel paio per ciascuna. Nell'Orsina
Verginio, & Nicolò Conti di Pitigliano, Nella Colonne
se Prospero, & Fabritio, Verginio d'autorità, ricchez
ze & concorso de soldati, & splendor di Casa, essendo
stato Capitano quasi di tutti i potentati d'Italia, uenne
al colmo della grandezza, della quale cascò poi nella ue
nuta del Re Carlo, essendo stato preso col Conte di Piti
gliano a Nola da' Francesi, ingannati dalla promessa de
Nolani, & di Luigi d'Arsio Capitano de' Francesi, ne

prima furono liberati , che nella furia del fatto d'arme
del Tarro , nel quale fi fgabellarono deftramente delle
mani di chi gli guardaua , ch'era intento ad altro. In que
fto tempo i Signori Colonnefi condotti dal Cardinale Af=
canio Sforza, che nel principio feruiuano Francefi, effen
dofi poi fatto nuoua lega fra i Potentati di Europa , ri=
tornarono al feruitio del Re Ferrandino , ma prima Pro
fpero che Fabritio , il quale poi (feguendo Profpero)an
chor fi fece Aragonefe. Verginio fu inuitato d'andare a
feruire il Re Ferrandino con offerta di gran foldo , &
ricompenfa dell'honore, & dello ftato, che fu l'officio del
gran Conteftabile, dato al Signor Fabritio , & lo ftato di
Abruzzo , d'Alba , & di Tagliacozzo , ma giudicando
egli che non ci fuffe l'honor fuo , come caparbio , fi fece
Francefe , & ricettò gli ftipendi loro , anchorche in ciò
i medefimi Signori Orfini non approuaffero quel fuo con
figlio , poi ch'era tutto in pregiudicio dell'honore ; &
della falute d'Italia , la quale in quel tempo confpiraua
contra i Francefi , dubitando di non andare in feruitù di
quella potentiffima natione , Ma effo indurato da una fa
tale oftinatione , andò col feguito di molti Capitani della
fattion'fua contra il Re Ferrandino , dicendo a chi lo con
figliaua,e fra gli altri a gli huomini del Papa, del Duca
Lodouico , & de Signori Vinitiani, che gli proponeua=
no , & moftrauano i pericoli , ne quali fi metteua , & i
chiari premi , che dall'altra parte fe gli offeriuano . Io
fon fimile al Camelo , il quale per natura , arriuando a
un fonte chiaro non beue di quel acqua , fe prima calpe=
ftandola non la fa torbida . Et per quefto portò un Ca=

C ij

melo, che intorbidaua una fonte, inchinandosi per bere, con questo motto Franzese IL ME PLAIT LA TRO VELE. Ma certo il suo tristo consiglio hebbe pessimo fine, perche superato in quella guerra, assediato in Atel la, & preso morì nella prigione di Castel dell'Ouo, & così portò la pena della sua peruersa opinione.

Il conte di Pitigliano, assoldato da Signori Vinitiani alla guerra di Lombardia, meritò d'esser Generale, & hebbe per impresa il collaro di ferro, chiamato in latino MILLVS, il quale è ripieno d'acute punte, come si uede al collo de cani mastini de pastori, per difendergli dal morso de lupi. Vedesi hoggi dì la suddetta impresa in Ro ma nel palazzo di Nicosia, che è d'uno de Signori di ca sa Orsina, & nel mezzo del detto collare sta il motto che dice, PRIVS MORI QVAM FIDEM FALLERE. Vi sono anche due mani, che nel far uista di pigliar il col lare, si trouano passate pel mezzo da le punte ch'egli ha a torno, & in mezzo sta la rosa.

Alle nominate due imprese non cedeuano punto, ne di bellezza, ne di proprietà di significato, quelle de due fratelli cugini Colonnesi, Prospero, & Fabritio, i quali in diuersi tempi portarono diuerse inuentioni, secondo le fantasie loro, parte militari, & parte amorose; Per che ciascun di loro, insino all'estrema uecchiezza non si uergognò mai d'essere inamorato, massimamente Prospe ro, il quale hauendo posto il pensiero in una nobilissima donna, della quale per coprire il fauore ch'egli n'haue= ua, & per mostrare l'honestà s'assicurò di menar seco per compagno un'famigliar suo di bassa lega, ilche fu molto

incautamente fatto , perciò che la donna sua come gene=
ralmente quasi tutte le donne sono uaghe di cose nuoue ,
s'innamorò del compagno, talmente che lo fece degno del
l'amor suo ; di che auuedutosi Prospero , & sentendone
dispiacere infinito , si mise per impresa il Toro di Peril=
lo ; che fu il primo a prouare quella gran pena del suo=
co acceso sotto il uentre del Toro, nel quale egli fu posto
dentro , per capriccio del Tiranno Falari , di donde uscì
ua lamento di uoce humana, & miserabil mugito. Et ciò
fece Prospero, per inferire ch'egli medesimo era stato ca
gione del mal suo : e'l motto era tale ; INGENIO EX=
PERIOR FVNERA DIGNA MEO, Fu questa in=
uentione del dottissimo Poeta M. Gabriele Attilio Vesco
uo di Policastro. DOM. Ame pare che l'anima di questa
uaghissima inuentione potesse esser piu bella , & quadre
rebbe forse meglio dicendo, SPONTE CONTRA=
CTVM INESPIABILE MALVM. GIO. Certamen=
te quella del S. Fabritio passò il segno di bellezza, il qua
le perseuerando nelle parti Francesi , inuitato a seguire il
consenso d'Italia con gran premio , nel principio fece mol
ta resistenza , & si pose per impresa sulla sopraueste un
uaso antico pien di ducati d'oro, con questo motto, SAM
NITICO NON CAPITVR AVRO, Significando
che esso come Fabritio era simile a quello antico Roma=
no , che da Samniti in lega col Re Pirro non uolse esser
corrotto, anchora con gran quantità d'oro, Ilqual motto
& suggetto resta tanto piu eccellente , quanto è piu con
forme a l'antico , per il nome di Fabritio , & fu trouato
da lui medesimo . Ne portò anchora un'altra assai accom

modata ; & fu la pietra del paragone, con molte linee
& uari saggi, col motto, FIDES HOC VNO, VIR=
TVSQVE PROBANTVR, Quasi uolesse dire che la
uirtù & fede sua si sarebbono conosciute al paragone di
ogn'altro. Fu portata da lui questa imprsa nella giorna=
ta di Rauenna, doue il ualor suo fu chiaramente cono=
sciuto, anchor ch'egli ui restasse ferito & prigione.

Nella medesima guerra, il S. Marc'antonio Colonna,
nipote carnal di Prospero, ch'era stato posto in presidio
della difesa della città di Rauenna, nella quale si portò
franchissimamēte, contra l'impeto della terribil batteria
di Mons. di Fois, Hebbe un'impresa, laquale di argu=
tezza (a mio parere) auanza ogn'altra, & fu un ramo
di palma, atrauersato con un ramo di Cipresso, e'l motto
disopra ; ilquale fu composto da Marc'antonio Casa nuo
ua, Poeta eccellente, che diceua, ERIT ALTERA
MERCES, Volendo inferire ch'egli andaua alla guer=
ra per riportar uittoria, ò per morire; essendo la palma
segno di uittoria, & il Cipresso funebre. Hebbe questo
Signore in se tutti i doni, che la natura & la fortuna po=
tessero dare ad huomo per farlo singolare.

Il medesimo Marc'antonio ne portò un'altra alla guer
ra della Mirandola & di Bologna, nella quale era Le=
gato il Cardinal di Pauia, che essendo di natura alle uol
te troppo strano & imperioso, esso Signore come gene=
roso, & altiero Romano, non intendeua esser comman
dato, ma uoleua far'ogni debito di fattion militare da se
stesso, tanto piu ueggendo che'l detto Cardinale usaua in
conuenienti modi col Duca d'Vrbino, per liquali da lui

fu poi amazzato . Per moſtrare dunque l'animo ſuo , fe
ce l'impreſa dell'Areone, che in tempo di pioggia uola
tant'alto ſopra le nuuole , che ſchifa l'acqua che non gli
uenga addoſſo , & altrimenti è uſato di ſtarſi ſguazzan
do nelle paludi per natura , amando l'acqua da baſſo, ma
non quella che gli poteſſe cader ſopra. L'impreſa riuſci
giocondiſſima di uiſta, perche oltra la uaghezza dell'uc
cello chiamato in latino Ardea , u'era figurato il Sole ſo
pra le nuuole , & l'uccello ſtaua tra le nuuole et il Sole ,
nella region di mezzo , doue ſi generano le piogge , &
le grandini ; da baſſo erano paludi con uerdi giunchi &
altre uerzure , che naſcono in ſimil luoghi, ma ſopra tut
to era ornato d'un belliſſimo motto, col breue che giraua
intorno al collo dell'Aerone, NATVRA DICTANTE
FEROR, L'inuentione non fu tutta del S. Marc'antonio,
ma fu aiutato da gl'ingegni eruditi, de quali egli faceua
molto conto , & honoraua : & fra quegli fui anchor'io
un tempo , & di famigliariſſimi.

Viemmene a mente un'altra , ch'egli pur uſò , come
quel che ſi dilettaua molto di ſimili ingegnioſe impreſe;
et ſe la miſe alla guerra di Verona,laqual città fu franca
mente difeſa dalla uirtù ſua contra l'impetuoſa forza di
due campi, Franceſe & Vinitiano ; Figurò dunque una
ueſte in mezzo il fuoco, la quale non ardeua, come quel
che uoleua ch'ella s'intendeſſe fatta di quel lino d'India ,
chiamato da Plinio Asbeſtino , la natura del quale è net=
tarſi dalle macchie, è non conſumarſi nel fuoco , & ha=
ueua queſto motto, SEMPER PERVICAX, Quaſi
che uoleſſe dire , ch'egli ſarebbe ſtato coſtantiſſimo con=

tra ogni forza di guerra di nemici.

Imitò felicemente la prontezza dell'ingegno del S.
Marc'antonio, il S. Mutio Colonna, che fu nipote del S.
Fabritio, il quale fu un ualoroso & prudente Caualiero,
& meritò d'hauer la compagnia di cento lancie da Papa
Giulio, & poi da Leone, ne saioni e bandiere dellaqual
compagnia fece fare una assai proportionata impresa,
cioè una mano che abbruciaua nel fuoco d'un'altare da sa
crificio, & co'l motto, FORTIA FACERE ET PA
TI ROMANVM EST, Alludendo al suo nome pro=
prio, a similitudine di quell'antico Mutio, che disegnò
indarno d'amazzare Porsena Re di Toscana, ilquale uol
se che la mano che errò ne portasse la pena; il che fu di
tanta merauiglia che, come dice il Poeta, HANC SPE=
CTARE MANVM PORSENA NON POTVIT, Fu
l'inuentione di M. Otamira huomo letterato, & seruito=
re antico di casa Colonna.

I Signori Colonnesi ne portarono una, laquale serui=
ua uniuersalmente per tutto il ceppo fatta in quello ester
minio di Papa Alessandro contra i Baroni Romani, per
che furono costretti tutti col Cardinale Giouanni a fug=
girsi di Roma, & ricouerarono parte nel regno di Na=
poli, & parte in Sicilia; nel qual caso parue che pren=
dessero miglior partito, che non haueuano fatto i Signo
ri Orsini, hauendo eglino eletto di uoler piu tosto per=
der la robba & lo stato, che commetter la uita à l'arbi=
trio di sanguinosißimi Tiranni. Ilche non seppero far'gli
Orsini, i quali perciò ne restarono disfatti, & misera=
bilmente strozzati. L'impresa fu, che essi uoleuano di=

re, che anchor che la fortuna gli perseguitasse, & gli
sbattesse, essi però restauano anchor uiui, & con speran
za che passata l'asprezza della burasca, s'hauessero a rile
uare. Fu dico l'impresa alquanti giunchi in mezzo d'una
palude turbata da uenti, la natura de quali è di piegarsi,
manon già di rompersi per impeto de ll'onde, ò diuenti.
Era il motto, FLECTIMVR NON FRANGIMVR
VNDIS, Dom. Io giudico Mons. che questa inuen=
tione, (& fusse di chi si uolesse) sia bellissima, & com
pita d'anima, & di corpo, Gio. Et io credo, anzi
tengo per fermo, ch'ella uscisse dell'ingegno di M. Iaco=
po Sanazzaro Poeta chiarissimo, & molto fauorito del
Re Federigo, dalquale furono raccolti, et stipendiati i Co
lonnesi, & doppo che esso Re fu cacciato, s'accostaro=
no al gran Capitano. Dom. Poi che hauete narrate l'im
prese de Signori Romani, mi parebbe conueniente, che
uoi narraste anchora l'imprese de gli altri Principi, &
Capitani d'Italia, & de forestieri, se ue ne souuiene.
Gio. Vdite prima quella che portò il S. Bartolomeo
Aluiano ualoroso, & uigilante, benche poco felice Ca=
pitano, egli fu gran defensore della fattione Orsina, dife
se ualorosamente Bracciano contra la forza di Papa Ales
sandro, & prese Viterbo, rouinando la parte Gattesca,
in fauore de Maganzesi, dicendo che quelli erano il pesti
fero ueleno di quella Città. Et essendo stato morto il ca=
po loro Giouangatto, fece fare per impresa nello sten=
dardo suo l'animale chiamato l'unicorno, la proprietà del
quale è còntraria ad ogni ueleno, figurando una fonta=
na circondata d'Aspidi, Botti, & altri serpenti, che ui

fuſſero uenuti a bere, et l'unicorno prima che ui beueſſe,
ui cacciaſſe dētro il corno per purgarla dal ueleno, meſco
landola, come è di ſua natura, & haueua un motto al col
lo; VENENA PELLO, Il detto ſtendardo ſi perdè
nella giornata di Vicenza, hauēdolo difeſo un pezzo dal
la furia de nimici Marc'antonio da Monte Veroneſe, che
lo tenne abbracciato, ne mai lo laſciò fin che non cadde
morto.

Metterò mano hora a quegli che hanno auanzato
gli altri di fama, & di gloria, fra i quali ſtimo il primo
Franceſco di Gonzaga S.di Mantoua, ilquale riuſcì famo
ſiſſimo per la giornata del Tarro, & per la uittoria
della conquiſta del Reame di Napoli per lo Re Ferranti
no, eſſendo ſtato il detto Marcheſe di Mantoua calumnia
to appreſſo il Senato Vinitiano, (del quale egli era Capi
tano generale) da alcuni maligni & inuidioſi, poi che ſi
fu chiariſſimamente giuſtificato & purgato, uſò per im
preſa come coſa che molto quadraua a ſuo propoſito, un
cruciolo al fuoco pieno di uerghe d'oro, nel qual uaſo ſi
fa certa proua della finezza ſua, con un bel motto di ſo
pra, tratto dalla ſcrittura ſacra, PROBASTI ME
DOMINE, ET COGNOVISTI, uolendo intendére an
chora la ſeguente parola, cioè, SESSIONEM MEAM;
perche quei calumniatori hauendo detto, che il Mar=
cheſe in quella giornata haueua uoluto ſedere ſopra due
ſelle, cioè, ſeruire i Signori Vinitiani col fiero combatte
re, & il S. Lodouico Sforza ſuo cognato co'l temporeg
giar'doppò la giornata, laſciando di ſeguitar i Franceſi
mezzi rotti, nel qual caſo eſſo non hebbe colpa, perche

fu tutta del Conte Gaiazzo, che si uolse far'grato alla ca
sa di Francia, sapendo di non farne dispiacere al Duca
Lodouico, che non desideraua ueder totalmente uincito=
ri i Signori Vinitiani, acciò che disfatti i Francesi, uitto
riosi non andassero per occupare lo stato di Milano, da
lor desiderato fin del tempo del padre, & del Duca Fi=
lippo.

Fra i chiarissimi Capitani fu senza controuersia di
somma peritia, & d'estrema riputatione il S. Giouan Iaco
po Triuulcio, il quale da principio come nemico del Du
ca Lodouico Sforza, ueggendolo incaminato a occupa'il
Ducato, ch'era legitimamente del nipote, si partì sdegna
to, non potendo soffrire i modi d'esso S. Lodouico, &
accostossi col Re d'Aragona, il quale allhora s'era scoper
to nemico dello Sforza, per la medesima cagione. Et uo=
lendo inferire che nel gouerno della patria sua, egli non
era per cedere un punto a esso S. Lodouico, portò per im
presa un quadretto di marmo, con uno stil di ferro pian
tato in mezzo, opposto al Sole, ch'era antica insegna di
casa Triuulcia, con un motto, NON CEDIT VMBRA
SOLI, Poi che girando il Sole quanto si uuole, sempre
quello stil rende la sua ombra.

Alfonso Duca di Ferrara, Capitano di risoluta pro=
dezza e mirabil costanza, quand'egli andò alla battaglia
di Rauenna, portò una palla di metallo pieno di fuoco ar
tificiale, che suampaua per certe commissure, & è di tale
artificio, che al luogo & tempo il fuoco terminato rom
pendosi, farebbe gran fracasso di quegli che gli fussero
incontra, ma gli mancaua il motto, il quale gli fu poi

aggiunto dal famoſo Arioſto, & fu, LOCO ET TEM
PORE, Et fu poi conuertito in lingua Franceſe per piu
bellezza dicendo, A LIEV ET TEMPS, Moſtrol
lo in quella giornata ſanguinoſa, perche drizzò di tal ſor
te l'artiglieria, che fece grandiſsima ſtragge d'huomini.

Il Duca d'Vrbino poi che per la morte di Papa Leo=
ne, recuperò il ſuo ſtato, eſſendoſi inſieme co' Signori
Baglioni riconciliato, & col legato con Giulio Cardina
le de Medici, che gouernaua allhora lo ſtato di Fioren=
za, fu condotto da quella Republica per Generale, et ha
uendomi M. Thomaſſo de Manfredi ſuo Ambaſciatore ri
cercato, ch'io trouaſsi un'impreſa per lo ſtendardo, et per
le bandiere de Trombetti del Duca, Io gli feci una Palma
c'haueua la cima piegata uerſo terra, per un gran peſo
di marmo che u'era attaccato, uolendo eſprimere quel che
dice Plinio della Palma, che il legno ſuo è di tal natura,
che ritorna al ſuo eſſere, anchor che ſia depreſſo da qual
ſi uoglia peſo, uincendolo iniſpatio di tempo con ritirar
lo ad alto, col motto che diceua, INCLINATA RE=
SVRGIT; Alludendo alla uirtù del Duca, laquale non
haueua potuto opprimere la furia della fortuna contra=
ria, ben che per alcun tempo fuſſe abbaſſata. Piacque mol
to a S. Ecc. & ordinò che ſi faceſſe lo ſtendardo, anchor
che per degna occorrenza non ueniſſe a prendere il baſto
ne del Generale. DOM. Piacemi molto, che ſiate entra
to a narrare l'impreſe, che hauete fatto di uoſtro inge=
gno, ſapendo che ce ne ſono molte a diuerſi Signori, come
ho ueduto nel Muſeo. GIO. Certamente io n'ho fatte
parecchie a miei giorni, ma mi uergogno a narraruele

tutte, perche ce ne fono alcune c'hanno i difetti, che foglio
no hauere le cofe humane ; attefo che, come ho pur detto
da principio, il formar dell'Imprefe è, quafi come una uen
tura d'un capricciofo ceruello , & non è in nostra mano
co'l lungo penfare , trouar cofa degna del concetto , &
del patrone che la uuol portare , & ancho dell'authore
che la compone, Perche ui fi mette dell'honore , quando
per altro è stimato degno di letterato. Et in effetto, altro
e il ben dire in narrare un concetto ; & altro è efprimer
la con anima & corpo, che habbia del buono , & niente
dello fciocco. Et a me , che n'ho fatte tante per altri, uo=
lendo trouar'un corpo di foggetto in corrifpondenza del
l'anima del motto, il quale porto Io, che è, FATO PRV
DENTIA MINOR, È interuenuto quel che auuiene a
calzolari, i quali portano le fcarpe rotte & fgarbate, fa
cendole nuoue a posta alla forma del piè d'altri , Percio=
che non ho potuto mai trouar foggetto di cofa alcuna, che
mi fodisfaccia, come interuenne anchora a M. Giafone del
Maino, come ho detto di fopra , ma prima ch'io ui dica
le mie, per modestia narrerò pur quelle de gli altri, acciò
che le mie gli facciano buon paragone. D O M. Guardate
pur Mons. che forfe non ne fmacchiate qualch'una che ui
paia zoppa.

G I O. Certo non, perche io non uoglio ricordarmi fe
non delle belle, attefo che fi è detto affai delle ridicole, &
per contionuare il propofito, dico che quella del S. Otta=
uian Fregofo alla guerra di Bologna, & di Madona fu ri
putata ingeniofiffima, ma alquanto strauagante per la pit
tura , perche portò una gran filza della lettera O, ne=

gro in campo d'oro, nel lembo dell'estremità delle barde,
lequali lettere per abbaco significano nulla, & quando
hanno una lettera di numero auanti, fanno una moltitu=
dine quasi infinita, (uerbi gratia) facendoui un iota, signi
ficarà milioni di milioni, Era un breue disopra al lembo
che lo giraua tutto, dicendo, HOC PER SE NIHIL
EST, SED SI MINIMVM ADDIDERIS MAXI=
MVM FIET, Significando che con ogni poco d'aiuto,
harebbe ricuperato lo stato di Genoa, il qual fu già del S.
Pietro suo padre, & ui fu amazzato combattendo, essen=
do esso S. Ottauiano come fuoruscito, quasi niente appog
giato al Duca d'Vrbino, ma in assai aspettatione d'esser
rimesso in casa, come fu poi da Papa Leone. E' ben uero,
che il motto è souerchiamente lungo, ma la natura del ar
gutissimo soggetto lo comporta molto bene.

Il S. Gieronimo Adorno, il quale prendendo Genoua
col braccio de Cesariani, cacciò il detto S. Ottauiano Fre=
goso, per hauer'egli ceduto al Ducato, facendos'egli Fran
cese, col nome di Gouernatore, Fu giouane di gran uir=
tù, & perciò d'incomparabile aspettatione, ma la morte
gli hebbe inuidia troppo tosto. Esso come giouane ardita
mente innamorato d'una gentildonna di bellezza et pudi
citia rara, laquale io conosceua, & anchor'uiue; mi ri=
chiese ch'io gli facessi un'impresa di questo tenore, che
pensaua, & teneua per certo che l'acquisto dell'amor di
costei, hauesse a essere la contentezza, & principio del
la felicità sua, o che non l'acquistando fusse per metter fi=
ne a trauagli che haueua sopportati per l'addietro, sì di
questo amore, come nell'imprese di guerra, & prigionia

con affrettargli la morte. Il che udendo, mi souuenne
quello che scriue Giulio Obsequente de prodigijs, cioé,
che il Fulmine ha questa natura, che uenendo doppò i tra
uagli & le disgratie ci mette fine, & se uiene nella buo=
na fortuna, porta danni ruine, & morte: Et così fu dipin
to il fulmine di Gioue in quel modo che si uede nelle meda
glie antiche, et con un breue intorno, EXPIABIT AVT
OBRVET, Piacquegli molto l'impresa, & fu lodato dal
dottissimo M. Andrea Nauagero, disegnato a colori dal
chiarissimo M. Titiano, & fatto di bellissimo ricamo, &
intaglio dall'eccellente Agnolo di Madonna, ricamator
Vinitiano, poco auanti che'l detto S. Girolamo, per adem
pire l'ultima parte del motto passasse a l'altra uita in Vi
negia, oue risedea per sopra Imbasciador Cesareo.

Ma poi che siamo entrati in mentione de Signori Ge=
nouesi, ue ne uoglio nominar'tre assai belle, ch'io feci a
richiesta di due Signori del Flisco, Sinibaldo, & Otto=
buono, a quali fui molto famigliare & grato. Essi mi di
mandarono un'impresa, che significasse la uendetta da lor
fatta della morte del Conte Girolamo lor fratello, cru=
delmente amazzato da Fregosi per emulatione dello sta=
to; & fu tale, che ne restarono spenti della uita i per=
cussori, Zaccheria Fregoso, il S. Fregosino, & i Signori
Lodouico & Guido; la onde si racconsolarono della per
dita del fratello: dicendo che i nemici non si poteuano uan
tare d'hauer usato contra lui tanta crudeltà, non essendo
solito tra Fregosi, Adorni, & Flischi, insanguinarsi le
mani del sangue de contrari; ma solamente esser lecito di
contendere del Principato tra loro ciuilmente, ò uero a

guerra aperta. Io feci lor dunque un Elefante assaltato
da un dracone, ilquale attorcendosi alle gambe del nemi
co; suol mettere il morso del ueleno al uentre dell'Elefan
te, per laqual ferita uelenosa si muore; ma egli per na=
tura conoscendo il pericolo, gira tanto intorno, che tro=
ua qualche sasso ò ceppo d'albero, doue appogiatosi tan
to frega, che stiaccia & amazza il detto dragone. L'im=
presa ha bella uista, per la uarietà di due animali; & il
motto la fa chiarissima, dicendo in ispagnuolo, N O N
V O S A L A B E R E I S, Volendo dire a Fregosi, uoi non
hauete a uantarui d'hauer commesso tanta impietà nel san
gue nostro.

Io ne trouai un'altra a medesimi Signori Flischi sopra
questo proposito, che trattand'essi d'aderirsi alle parti
Cesaree, & congiungersi Signori Adorni, molto loro
affettionati, & partigiani seruidori gli diceuano per
auuiso, che non hauessero fretta a risoluersi a far'questo,
perche le forze del Re di Francia erano grandi. Il S. Ot=
tauiano Fregoso con le spalle della parte, haueua molto
bene fermato il piede nel gouerno; & era per difenderfi
gagliardamente, se gli moueuano guerra in quegli arti=
coli di tempo. Al che essi Signori Flischi rispondeuano,
sapeuano molto bene il come & il quando di far'simil co
sa; & così sopra questa materia mi dimandarono un'im=
presa, Per ilche subito mi ricordai di quel che scriue Pli
nio de gli uccelli chiamati Alcioni, iquali per istinto na=
turale aspettano il Solstitio del uerno, come opportuno
a loro, & sanno quando debbe uenire quella tranquillità
di mare, che suol uenire ogn'anno, & uolgarmente è det=
ta la=

ta la state di *San Martino* nella qual stagione i predetti
Alcioni ardiscono di fare il nido, far l'uoua, couarle, &
hauerne figliuoli in mezzo il mare, per lo felice spatio
concesso gli da la detta bonaccia. La onde auuiene, che
i giorni di tanta calma son chiamati Alcionidi. Feci adun=
que dipingere una serenità di cielo, & tranquilità di ma=
re, con un nido in mezzo rileuato da proua & da pop=
pa, con le teste di questi due uccelli prominenti da pro=
ua, essendo eglino di mirabil colore azzuri, rossi, bian=
chi, uerdi, & gialli, con un motto sopra loro in lingua
Francese, NOVS SAVONS BIEN LE TEMPS,
Cioè noi sappiamo bene il tempo di quando habbiamo a
fare l'impresa contra gli auersari nostri, & così i uscì
loro felicemente lo rientrar'in casa, & il uendicarsi de'
nemici, con buono augurio de gli uccelli Alcioni. Vede=
uasi questa uaghissima impresa dipinta in molti luoghi
del lor superbo palazzo di Viola, inanti, che per decre=
to publico fusse rouinato.

Fecine anchora un'altra, che forse è riuscita meglio
delle sopradette, al medesimo S. Sinibaldo in materia d'a=
more, ilquale fiorisce meglio per la pace doppo la guer
ra. Amaua questo Signore una gentildonna, & ella era
incominciata a intrare in gelosia, ueggendo che il S. Sini
baldo andaua molto intorno, a l'usanza di Genoua, bur=
lando & trattenendosi con uarie dame: La onde glie lo
rinfacciaua spesso. dolendosi della sua fede, di come po=
co netta et leale; et uolend'egli giustificarsi presso di lei,
mi richiese d'un'impresa a questo proposito. Et io gli feci
il bussolo della calamità, appoggiato sopra una carta da

D

nauigare, co'l suo compasso allegato, & di sopra il busso
lo d'azzurro a stelle d'oro il ciel sereno, col motto che
diceua, ASPICIT VNAM, Significando che se bene
sono molte bellissime stelle in cielo, una sola però è guar=
data dalla calamita, cioè fra tante, la sola stella della tra
montana. Et così si uenne a giustificare con la sua Dama,
che da lui era amata fedelmente; & che quantunque egli
andaua uagheggiando dell'altre, non era per effetto, ma
per coprire il uero con simulato amore L'impresa par=
ue anche piu bella per la uaga uista, & fu assai lodata
da molti, e fra gli altri dal dottissimo M. Paolo Pansa
suo segretario.

DOM. Hor su Mons. qui non bisogna gouernarsi con or=
dine, essendo questa cosa straordinaria, seguite dunque
quelle di mano in mano che ui cadono in memoria, così
circa l'imprese d'amore come di guerra, benche io giudi=
co meglio che spediate quelle d'armi, per finir'poi il ra=
gionamento in dolcezza d'amore. GIO. Souuiemmene
una bella, che portò già il S. Giouanpaolo Baglione, che
fu persona di consiglio & ualor'militare, di bella presen
za, & di molto cortese eloquenza, secondo la lingua
Perugina, ma sopra tutto molto astuto. Essendo riuscito
come Tiranno di Perugia, & Gouernatore dell'esercito
Vinitiano, benche poco gli ualesse esser auueduto, & be
ne assettato nel seggio della sua patria, perche Papa Leo
ne, anchor che di natura clementissimo, prouocato da in
finite querele, et in spetie da medesimi capi della casa Ba
gliona, adescandolo d'andar'a Roma, gli tagliò la testa;
& così uenne busa & uanissima la sua impresa, la quale

era un Grifone d'argento in campo rosso, & col motto,
VNGVIBVS ET ROSTRO, ATQVE ALIS AR
MATVS IN HOSTEM, Onde argutamente disse il
S. Gentil Baglione, quest'uccellaccio non ha hauuto l'ali
per fuggire, come l'altre uolte, la trappola che gliera
stata tesa.

Ricordomi d'una, ch'io feci a Girolamo Mattei Ro=
mano, Capitan de' caualli della guardia di Papa Clemen
te, che fu huomo di risoluto & alto pensiero, & animo
deliberato, hauendo con gran pacientia, perseueranza,
& dissimulatione aspettato il tempo per amazzare (co=
me fece)Gieronimo nipote del Cardinale della Valle, ad
effetto di uendicare la morte di Paluzzio suo fratello,
che dal detto Gieronimo fu crudelmente amazzato, per
cagione d'un litigio ciuile, Hauendomi dunque egli (per
tornar'a l'impresa,) pregato ch'io glie ne trouassi una si=
gnificante, che un'ualoroso cuore ha forza di smaltire
ogni graue ingiuria co'l tempo, uolendol'egli porre sulla
bandiera, gli figurai uno Struzzo, che inghiottiua un
chiodo di ferro, col motto, SPIRITVS DVRISSI=
MA COQVIT. Fu si lodata quella sua notabil uendet=
ta, che i nemici della Valle accettarono la pace, per can=
cellar la briga tra le due casate; & Papa Clemente gli
perdonò l'homicidio, & lo fece Capitano.

Lo Struzzo mi serui anchora per la diuersità di sua
natura, & per diuerso effetto, a un'impresa, laqual io
feci gia al mio S. Marchese del Vasto, in quel tempo che'l
Papa & l'Imperatore abboccati in Bologna ordinarono
le cose d'Italia & si fece Capitano della lega per difensio

ne di tutti gli stati, & conseruatione della pace il S. An=
tonio da Leua, il qual grado pareua che appartenesse
piu al S. Marchese per alcune ragioni, che al S. Antonio:
ma Papa Clemente offeso per gli danni riceuuti ne gli
alloggiamenti delle fanterie Spagnuole nel Piacentino et
Parmigiano, doue uiuendo i soldati a discretione, ne ri=
mediando il Marchese alla troppo licenza militare, haue
ua miserabilmente saccheggiato quasi tutto il paese, si uol
se uendicar' con posporlo; perche egli sdegnato si rama=
ricò molto di S. Santità in questo modo, Io mi potrei pen
tir'di non esser'interuenuto al sacco di Roma, quando mi
partì & abandonai le genti, rifiutando quel Capitanato,
come buon Italiano, per non essere presente all'ingiurie
e danni che si preparauano al Papa. Et consolandolo io,
mi rispose. S'io non sono stato aiutato a montar in alto
per la bontà mia, almen restando capo General'di questa
inuitta fanteria, non mi si potrà torre, che nelle fattioni
della guerra nessun m'auanzi. Et perciò m'astrinse a tro=
uargli un'impresa accommodata a questo suo pensiero.
Parsemi molto a proposito uno Struzzo messo in corso,
che (come dice Plinio) suol correndo farsi uela con l'ali,
per auanzar'ogni animale nel corso, poi che hauendogli
la natura dato le penne, non si puo alzar'a uolo, come
gl'altri uccelli; et così glie ne diedi con questo motto, SI
SVRSVM NON EFFEROR ALIS CVRSV SAL=
TEM PRAETERVEOR OMNES, Et fu tanto piu
grata, perche haueua bellissima uista nel ricamo, ch'era
di rilieuo nella soprauefte & barde.

Il medesimo uccello diedi anche proportionatamente

per impresa al S. Conte Pietro Nauarro, quando per la
capitolatione della pace, fu liberato dalla prigione di Ca
stel nouo, & uenne a Roma, che allhora presi seco stret
ta familiarità per l'informationi ch'io desideraua da lui
in seruitio dell'historia da scriuersi per me, Nel che mi so
disfece molto cortesemente, essend'egli bramoso di glo=
ria;& hauendomi egli contate tutte le uittorie,& le dis
gratie sue;mi richiese poi d'una impresa sopra certi sog=
getti, che in effetto non mi piaceuano molto; ond'io gli
replicai, a me par Signore, che non debbiate uscir del
proprio per cercar l'appellatiuo; perche hauendou'io
fatto glorioso inuentore di quel mirabile et stupendo ar
tificio delle mine,nell'historie mie,che ui faranno immor
tale, in quel luogo doue miracolosamente faceste uolare
per l'aria il Castel dell'uouo a Napoli.Non uorrei,che ui
partiste da questo, come da cosa che u'ha portato estre=
mo honore,& peculiar riputatione.Ond'egli in ciò con=
fessando esser uero,tornò a dirmi,guardate uoi,se in esso
trouaste alcun proposito,ch'io ne sarò contento.Io per=
che alcuni scriuono,che lo struzzo non coua le sue oua,
sedendoui sopra come gli altri uccelli, ma guardandoli
con raggi efficacissimi del lume de gli occhi, figurai lo
struzzo maschio & la femina, che mirauano fissamente
l'uoua loro,uscendo loro da gliocchi raggi sopra le detta
uoua;e'l motto era questo; DIVERSA AB ALIIS VIR
TVTE VALEMVS; Esprimendo la sua unica laude
& peritia, dell'inuentione di quei macchinamenti sotter
ranei,che con la uiolenza del fuoco sono agguagliati al=
l'effetto delle furie infernali,piacque assaissimo l'impre=

fa al Conte Pietro, & accettolla. DOM. Certamente
Mons. questi uostri struzzi con la loro proprietà mi par
che habbiano seruito a pennello in queste tre diuersissime
imprese, & non son certo se potrete migliorare in quel=
l'altre, che ui restano a dire. fate uoi, ei sarà possibile,
che smacchiate l'altre che conterete fatte da altri belli in
gegni. GIO. Io non son si arrogante che mi presuma,
ne in questo ne in altro, di far si bene da potere auanza=
re, ma ne anche agguagliare l'inuentioni de gli altri in=
gegni, come fu quella che portò gia il gran Marchese di
Pescara la prima uolta ch'egli andò Capitano generale di
tutti i caualli leggieri, laqual fu ben ueduta da' nemici nel
fatto d'arme di Rauenna, nel quale esso Marchese per di
fendere la bandiera sua fu grauemente ferito, & poi tro
uato fra morti, fatto prigione de' Francesi. DOM. Dite
Mons. che portaua egli nella bandiera & soprauesta?
GIO. Vn targone Spartano col motto, AVT CVM
HOC, AVT IN HOC. Quale la magnanima Donna
porse al figliuolo che andaua alla battaglia di Mantinea,
uolendo intendere che'l figliuolo si deliberasse di combat
tere si ualorosamente che riportasse uittoria, o morendo
come generoso & degno del nome Spartano, fosse ripor
tato morto nel targone a casa, come era anchora antica
usanza di Greci, notata etiandio da Verg. IMPOSI=
TVM SCVTO REFERVNT PALLANTA FRE=
QVENTES. Il che anche si comprende dalle parole di
quel famoso Epaminonda Spartano, che essendo stato nel
la battaglia ferito a morte, & riportato da' suoi soldati,
domandò con grande istanza, se'l suo scudo era saluo, et

essendogli risposto di sì, morendo dimostrò segno d'alle=
grezza. Fu la detta inuentione del nobile Poeta M.
Pietro Grauina.

Si son dilettati molto di queste imprese militari *et*
amorose i Capitani Francesi, fra quali è stato fra piu se=
gnalati, *et* che habbiano meritato titolo di Generale,
Mons. della Tramoglia, che uittorioso nella giornata di
Santo Albino di Bertagna, doue restò prigione il Duca
d'Orliens, che fu poi Re Lodouico, Vsò per impresa una
ruota con questo motto, SANS POINT SORTIR
HORS DELL'ORNIERE, Per significar', ch'egli cami
naua per camin dritto nel seruir' il suo Re, senza lasciar=
si deuiare da alcuno interesse. Et fu Capitano d'estrema
authorità, il qual uecchio di anni settanta, combattendo,
morì honoratamente nel cospetto del suo Re, quando fu
superato *et* preso nella giornata di Pauia.

Fu anchora de'primi Capitani che uenissero in Italia,
nobilissimo *et* bellissimo, Luigi di Luzzimborgo della
stirpe dell'Imperatore Arrigo, il qual morì a Buoncon=
uento. Et n'hauete uista la sepoltura nel domo di Pisa.
Fu costui chiamato Mons. di Ligni, quello a cui s'arrese
il Duca Lodouico Sforza, quando fu tradito da gli Siuz
zeri a Nouara, aspettando da lui *et* per intercession sua
qualche alleggerimento della sua calamità. Egli(per tor
nare) hebbe per impresa un sol d'oro, in campo di uel=
luto azzurro, ch'era circondato da folte nuuole, col mot
to di sopra, OBSTANTIA NVBILA SOLVET,
Inferendo che hauend'egli hauuto molte aduersità, dapoi
che fu tagliata la testa a suo padre gran Contestabile di

Francia, speraua col ualor suo, ad uso del Sole, che con
la uirtù del caldo dissolue le nuuole, uincere ogni contra
rio, alla sua chiara uirtù; ne però hebbe tempo di farlo,
perche morì troppo tosto.

Successe a questi Gouernator' in Lombardia Carlo
d'Ambosia, chiamato per la dignità dell'officio della cor
te Reale Gran maestro, et S. di Chiamon. Egli fu di dolce
natura, & molto dedito a gli amori, anchor che in uiso
dimostrasse d'esser rubesto, & con parole coleriche pa=
resse fiero & brusco, pure si dimesticaua molto con le
donne, dilettandosi di feste, banchetti, danze, & come=
die; la qual uita non fu molto lodata dal Re Lodouico,
perche si trouò molto occupato in simili piaceri, in tem=
po che doueua soccorrere la Mirandola oppugnata, &
presa da Papa Giulio. Portaua il detto Caualiere un'im
presa d'un huomo saluatico con una mazza uerde in ma
no, laquale si uedeua ricamata ne saioni della sua compa
gnia, & di sopra era un breue con un uerso latino, MI=
TEM ANIMVM AGRESTI SVB TEGMINE SER
VO; Volendo significare, per assicurare & conciliarsi
le Dame, che non era così brutto, come parcua.

Parue la sopradetta inuentione a molti bella, Et una
ne portò a mio giudicio bellissima Giouan Francesco San
seuerino Conte di Gaiazzo, il quale per emulatione di
suo fratello Galeazzo, nella passata de Francesi in Italia,
si partì dal Duca Lodouico, & accostossi con detti Fran
cesi, con qualche carico dell'honor suo; perciò che tal
partenza fu molto sospetta. Vedeuasi l'impresa ricamata
ne saioni delle cento lancie; ch'egli haueua ottenute dal

Re , *et* ciò era un trauaglio , che uſauano i mareſcalchi
per ferrare caualli bizzari et calcitroſi, con queſto mot
to Franceſe , POVR DOMER FOLIE , Per dinotare
che domarebbe alcun ſuo nemico , di coſi fatta natura .

Fu etiandio preſſo i Franceſi di nota uirtù , *et* famo=
ſo Capitano Eberardo Stuardo, nato del ſangue Reale di
Scotia, e chiamato Mons. d'Obegni, Vſaua queſto ſignó
re , come parente del Re Iacob Quarto , un Leone ram
pante roſſo , in campo d'argento, con molte fibbie ſemi=
nate ne ricami di ſaioni et ſopraueſte, et dipinti nelli ſten
dardi col motto latino, DISTANTIA IVNGIT, ſi=
gnificando ch'egli era il mezzo da tenere uniti il Re di
Scotia, *et* il Re di Francia, per far giuſto contrapeſo alle
forze del Re d'Inghilterra, nemico naturale di Franceſi
et ſcozzeſi, DOM. Parmi Mons che uoi torniate a no
ſtri Italiani, almeno a quelli (come ſi dice) della Secon=
da boſſola, poi che hauete nominati da principio quei
grandi, alla gloria di quali hoggi di pochi poſſono pre=
ſumere di poter arriuare ; parendomi che i Signori Co=
lonneſi, *et* Orſini non habbiano piu a queſti giorni del
lor ceppo, chi camini per le lor pedate nell'eſſercitio del
l'arte militare; *et* biſognerà ben'che ſtudino quei Princi=
pi che uorranno agguagliarſi alla fama di Fráceſco Gon
zaga, d'Alfonſo da Eſte , di Giouan Iacopo Triuultio ;
et i Signori Regnicoli, de' quali altre uolte uſcirono fa
moſi Capitani, mi pare che uadano declinando, perche
gli honori et le dignità che ſi danno della militia già mol
ti anni, ſono poſte in mano a gente Foreſtiera . Et ſe'l S.
Ferrante Sanſeuerino Principe di Salerno, ornato di mol

te uirtù , non suscita l'honor del regno , poco ueggo da potere sperare ne gli altri Principi . GIO. Voi dite il uero M. Lodouico mio. & ben lo mostrò egli nella giornata di Ceresola ; perche essendo chiaro che con la prudentia sua ritirandosi honestißimamente fece in gran parte uana la uittoria Francese, si puo dire, che conseruasse lo stato di Milano, et del Piemonte alla M. Cesarea; che non fu poca lode in tante disgratie . DOM Ditemi Mons. porta questo Principe alcuna impresa, parmi quasi che non gli debba mancare, essendo anchora per altro galantißimo caualiere? GIO. Non ueramente ch'io sappia, perche certo la dipingeremmo, come honoratamente l'ho dipinto nell'historie , al detto luogo della Ceresola : ma io non ho mai ueduto sua bandiera , ne impresa amorosa che habbia, del che mi merauiglio, hauendo in casa il secondo Poeta M. Bernardo Tasso, Et anchora nel regno il S. Duca d'Amalfi di casa Piccolomini gentile & ardito caualiere, & sopra tutto ottimo caualcatore, & conoscitore de' caualli aspri & coraggiosi Egli esortato in mia presenza dal S. Marchese del Vasto suo cognato a leuarsi dalle delitie di Siena , essend'egli allhora Gouernator' di quella Rep. & a girsene seco alla guerra del Piemonte , gli rispose che lo spirto era pronto, et la carne non inferma; ma che poteua dire quella parola dell'Euangelio, NE MO NOS CONDVXIT. Allhora il S. Marchese lo fece Generale di tutti i caualli leggieri nella guerra del Piemonte, doue il Duca innanzi che partisse mi domando un'impresa per lo stendardo, et per hauergli detto il Marchese, che tre cose coueniuano a tal Capitano, cioè ardire,

liberalità, et uigilanza; rispos'io non gli ricordate Signo
re ne la liberalità, ne l'ardire, hauendo egli apparate da
uoi, ne anche la uigilanza, perche egli ha da natura di le
uarsi innanzi giorno, o per andare a caccia, o per leuarsi
tosto dal luogo oue dorme. Sopra che si rise un poco, ma
la uigilanza che uoglio dir'io, comprende ogni cura che
si prende per non esser colto a l'improuiso, & per poter
cogliere altri. Fecigli dunque per impresa una Grù da
mettere nello stendardo, col piè manco alzato, con un
ciottolo fra lunghie rimedio contra il sonno ; come scri=
ue Plinio di questi ueccelli, marauigliosamente auueduti,
& col breue intorno che dice, OFFICIVM NATV=
RA DOCET, ·DOM. Ditemi Mons. fra gli altri Si=
gnori Regnicoli, piu antichi di questo non ce'ne fu alcuno
che portasse qualche bella impresa? GIO. Ce ne sono
stati certo, ma io non me ricordo se non di due, l'una
d'Andrea di Capoua Duca di Thermoli, che fu d'estremo
ualor militare, & l'altra di Thomaso Caraffa Conte di
Matalone; Il Duca nel fiore dell'età sua, essendo stato crea
to Capitano generale da Papa Giulio, morì a Ciuità Ca=
stellana, con qualche sospetto di ueleno che gli fu dato,
forse da chi gli portaua inuidia di tanto honore. Vsaua
per impresa questo Signor' un mazzo di corsesche da lan
ciare, uolendo dire che non gli mancarebbono armi da
lanciare, per non lasciarsi accostar'i nemici ; era il mot
to, FORTIBVS NON DEERVNT, Il Conte di
Matalone, che fu Generale del Re Ferrandino, hebbe per
impresa una Statera, con questo motto tratto dall'Euan=
gelio, HOC FAC, ET VIVES, Laquale, impresa

mi parſe troppo larga perche la ſtatera importa il peſar
molte coſe; Et fu motteggiata da Mons.di Perſi,fratello
di Mons.d'Allegria, che rompendo il campo Aragoneſe
a Eboli , guadagnò lo ſtendardo del Generale, & diſſe;
P A R ma ſoy che mon ennemi n'ha pas faictz ce quilz
ha eſcrit allentour de ſon Peſon , pource que il n'ha pas
bien peſez ſes forſes auec les mienes .

Et poi che ſiamo entrati ne Napoletani,non manche
rò di dire , che ſe bene i Principi quaſi degenerando da
lor maggiori , non uanno alla guerra , io penſo che ſia,
perche non ſon lor date le dignità,et i gradi ſecondo che
conuerrebbe,eſſendo paſſate le dignità in mano de' fore=
ſtieri ; ma non ci mancano però huomini della ſeconda
claſſe,nobili & ualoroſi,i quali per uirtù aſpirano a gli
honor grandi,fra i quali di preſente è il S. Giouan Batti
ſta Caſtaldo chiariſſimo,per mille belle et freſche pruoue,
quando Maſtro di campo del gran Carlo Quinto hauen=
do acquiſtato molta laude nell'impreſe d'Alemagna, s'ha
guadagnato honor d'eſſer Luogotenente e Capitan gene=
rale del Re de Romani nell'impreſa di Tranſiluania con=
tra Turchi & Valacchi. Eſſo Caſtaldo a quel tempo che
bolliua la guerra in Piemonte contra Franceſi, non uolen
doſi ritrouare in eſſa,perche gli pareua che'l S.Marcheſe
del Vaſto haueſſe diſtribuito tutti gli honori a perſone
manco perite dell'arte militare di lui;come sdegnato ſtaua
in otio a Milano:& diceua,che'l S. Marcheſe faceua coſe
quaſi fuor di natura, & da far merauigliare le genti del
ſuo giudicio ſtrauagante, & conſolandol'io con uiue ra=
gioni, egli mi diſſe , fatemi una impreſa ſopra queſto

concetto, Et io feci il monte Etna di Cicilia, il quale in cima arde con gittar'fiamme di fuoco, et poco piu a baßo e carico di neue; & non molto di lontano da eſſa ſi uede la uaſtità delle pietre arſe, & al baßo amenißimo paeſe cultiuato & frugifero. con un motto che diceua ; N A= TVRA MAIORA FACIT, alludendo alla ſtrauagan za del S. Marcheſe, in compartire gli honori del cam= po; perche in cio quel dolcißimo Signore uoleua compia cere a molte perſone, che per uari intereßi gli poteuano commandare, & coſi sforzato riportaua taccia di non perfetto giudicio, perche ſi ſcordaua, d'uno antico leale, & ualoroſo ſeruitore, com'era eſſo Signor Caſtaldo, & queſto Etna di pinto, ha marauiglioſa uaghezza, per la uarietà delle parti ſue, ſi come hauete uiſto in figura nel noſtro Criptoportico, oue ſono l'altre de gli antichi & padroni.

D O M. Adunque Monſignore, uoi non douete man= care di dirmi, quali ſono l'altre impreſe, che hauete fatto dipingere nelle caſe uoſtre. G I O. Euui fra l'altre quel= la della Eccellentißima, & non mai a baſtanza lodata, la Signora Marcheſa di Peſcara Vittoria Colonna, alla memoria dellaquale io tengo infinito obligo, come ho mo ſtrato al mondo con la uita dell'Inuittißimo ſuo conſorte, Il Signor Marcheſe di Peſcara, Eſſa Signora anchora che teneſſe uita ſecondo la uita Chriſtiana, pudica et mor tificata, & fuſſe pia, & liberale uerſo ogn'uno, non le mancarono però inuidioſi & maligni, che le dauano mo leſtia, & diſturbauano i ſuoi altißimi concetti, ma ſi con= ſolaua, che quei tali credendo nuocere a lei, noceuano a

se stessi , & fu piu che uero, per molte ragioni che hora
non accade dire ; perche io feci certi scogli in mezzo il
mar turbato , che gli batte con l'onde procellose con un
motto di sopra che diceua, CONANTIA FRANGE=
RE FRANGVNT, quasi uolesse dire , che gli scogli
della sua fermissima uirtù ribatteuano in dietro le furie
del mare , con romperle , & risoluere in ischiuma , &
tiene questa impresa uaga uista, & però l'ho fatta accu
ratamente dipingere nella casa nostra .

Et poi che siamo entrati nelle donne , ue ne dirò un'
altra ch'io feci alla elegantissima Signora Marchesa del
Vasto Donna Maria d'Aragona, dicendo essa, che si co=
me teneua singolar conto dell'honor della pudicitia, non
solamente lo uoleua conseruare con la persona sua,ma an
chor hauer cura , che sue donne , donzelle, & maritate
peristracuraggine non lo perdessero ; & percio teneua
una disciplina nella casa , molto proportionata a leuare
ogni occasione d'huomini & di donne che potessero pen
sare di macchiarsi dell'honore , & dell'honestà ; & cosi
le feci l'impresa,che uoi hauete uista,& lodata ne l'atrio
del Museo, laquale impresa e due mazzi di miglio matu
ro legato l'un a l'altro, con un motto che diceua, SER=
VARI ET SERVARE MEVM EST; perche il mi
glio di natura sua, non solamente conserua se stesso da
corruttione,ma anchora mantiene l'altre cose che gli stan
no appresso che non si corrompono,si come e il Reubar
baro, & la Canfora,lequali cose pretiose si tengono nel
le scatole piene di miglio , alle botteghe de gli spetiali ,
accio ch'elle non si guastino . DOM. Mi piace che siate

disceso da Capitani sino alle donne, il che è comportabi=
le, poi che queste due furono mogli di due singolari Ca
pitani, G I O. Da questo mi uengo ricordando d'una bel
lissima gentildonna amata da Odetto di Fois, chiamato
Monsig. di Lutrec, la quale gli diceua motteggiando, ch'e
gli era ben nobile et ualente, ma ch'era troppo superbo;
com'era forse uero, perch'essend'egli corteggiato ogni
mattina da' nobilissimi, & ricchissimi Signori feudata=
rij dello stato, non leuando la berretta, a pena degnaua
di guardargli in uiso, il che faceua scandalizzare, &
ammutinare tutta la nobiltà di Milano. laqual cosa fu ca
gione, che pigliasse partito di portare un'impresa al pro
posito in cambio della uacca rossa con sonagli, come anti
ca insegna della casa de Fois. Il che fu un largo camino
d'una fornace, che ardeua, con un gran fuoco dentro,
& per le bocche usciua fuora molta nebbia di fumo con
un motto che diceua, DOV'E GRAN FVOCO È GRAN
F V M O. Volendo intendere & rispondere alla Dama, che
dou'è gran nobiltà e gran ualor d'animo, quiui anchora
nasce gran fumo di superbia. Onde è necessario, che i gran
di si guardino di far cosa che possa essere tassata dalle
brigate, come fu quella del Signor Theodoro Triultio, il
quale hauendo lungamente militato co' Francesi, & con
gli Aragonesi nel regno di Napoli, era stimato pruden
te, & riseruato Capitano, piu per parlar poco ne con=
sigli, che per combatter molto nelle fattioni, il quale
portando per impresa cinque spiche di grano senza piu,
& senza motto alcuno, essendo tenuto poco liberale uer
so le sue genti d'arme, e di poca cortesia, nel trattamen=

to delle paghe uenne talmente in faſtidio a Signori Vini=
tiani, dequali egli era generale, che penſarono di uoler
lo cambiare al Signor Marc'Antonio Colonna; & diede
anche materia d'eſſere burleuolmente calonniato a M.
Andrea Gritti proueditore del Campo doppò il fatto
d'arme della Bicocca. Ilqual diſſe, queſto noſtro Genera
le ua molto mal fornito di uettouaglia, perche non por
ta prouiſione di piu di cinque ſpiche di grano, Alche ri=
ſpoſe M. Ceſare Viola, che portaua il ſuo Guidone, huo=
mo ualente & Faceto, nobil Milane e, dicendo; non ue
ne marauigliate Signor Proueditore, perche il noſtro Ca
pitano uiue a minuto, & dà a credenza, & pagaſi poi a
contanti. Hora queſte ſpiche del Signor Theodoro mi ri=
ducono a memoria l'impreſa, ch'io feci al Signor Marche
ſe del Vaſto. quando doppò la morte del ſignore Anto=
nio da Leua, fu creato Capitan Generale di Carlo Quin
to Imperatore; dicend'egli, che appena eran finite le fa
tiche, ch'egli haueua durate per eſſer Capitano della fan
teria, ch'egli era nata materia di maggior trauaglio, eſſen
do uero che il generale tiene ſouerchio peſo ſopra le ſpal
le: gli feci dunque in conformità del ſuo penſiero, due
couoni di ſpiche di grano maturo, con un motto che gira
ua le barde & fimbrie della ſopraueſte, & circondaua
l'impreſa nello ſtendardo, il qual motto diceua, F I N I=
VNT PARITER RENOVANTQVE LABORES,
uolend'io eſprimere, che appena era raccolto il grano,
che naſceua occaſion neceſſaria di ſeminarlo per un'altra
meſſe, & ueniua a rinouare le fatiche de gli aratori; &
tanto piu conuiene al ſoggetto del Signor Marcheſe quan
to che

to che i manipoli di spiche del grano, furono gia gloriosa
impresa guadagnata in battaglia da Don Roderico d'A=
ualos, bisauolo suo gran contestabile di Castiglia, & que
sta tale inuentione ha bellissima apparenza, come l'haue=
te uista in molti luoghi del Museo, & percio la continuò
sempre fin a la sua morte, come niente superba & molto
conforme alla uirtù sua, & de suoi maggiori.

Ne portò anchor un'altra poco auanti molto bella, in
uentata da M. Gualtieri Corbetta, Senator Milanese huo
mo dottissimo nelle buone lettere, ad un proposito che
uoleua dire esso Signor Marchese, che desideraua ueni=
re, si come era, Capitan generale, per poter mostrare
interamente il suo ualore, senza che si communicasse la
laude col soprastante Capitano, dicendo hauer trouate
che molte sue prodezze erano attribuite nel processo
della guerra, o al Marchese di Pescara, o al Signor An=
tonio da Leua, & che allhora speraua, come liberato dal
Collega, & dall'altro sopradetto, mostrare al mondo
quanto sapesse, & ualesse nell'arte militare. Figurò dun=
que esso M. Gualtieri le sfere di quattro elementi separa
ti, con un motto che diceua, DISCRETIS SVA VIR=
TVS ADEST, Volendo intendere, che gli elementi nel
luogo loro hanno la sua peculiare uirtù, ilche non confes
sarebbe un filosofo, perche il fuoco della sua sfera pro=
pria non cuoce ne abbrucia, ma solamente quand'egli è
legato con la mistura de gli altri elementi & perche heb
be bella apparenza di quelle quattro sfere fu tollera=
ta, & fatta in pittura nelle bandiere de trombetti.

Ne portò anchora il predetto Signore Marchese una

E

bella in materia amorofa., che gli fu trouata da M. Anto
nio Epicuro, letterato huomo nella accademia Napolita=
na, laquale fu'l tempio di Giunone Lacinia, il quale fo=
ftenuto da Colonne haueua uno altare in mezzo, col fuo
co accefo, che per neffun uento fi fpegneua mai, anchor
che'l tempio fuffe d'ogn'intorno aperto per gli fpatij de=
gl'intercolonni, uolendo dire a una dama fua, che lun=
go tempo egli haueua amata, & doleuafi allhora d'effe=
re abandonata da lui, com'ella in ciò s'innganaua, & do=
leuafi a torto di lui, perche il fuoco dell'amor fuo era
eterno, & ineftinguibile, come quello dell'altare del tem
pio di Giunone Lacinia, & ferui per motto l'ifcrittione
d'effo Tempio, che giraua per il fregio del architraue po
fto fopra le colonne, I V N O N I L A C I N I A E D I C A=
T V M, & quefta imprefa hebbe bella prefenza, anchor
che haueffe bifogno di qualche letterato, che dichiaraffe
l'hiftoria a color che non fanno piu che tanto.

Fù anchora un poco ampullofa l'imprefa del Signor
Luigi Gonzaga chiamato per la brauura Rodomonte; il
quale il di che Carlo Quinto Imperatore fece l'entrata in
Mantoua, portò una foprauefte di rafo turchino, fatta
a quadretti, i quali alternati, a due, a due, l'uno mo=
ftraua uno fcorpione ricamato, & l'altro un breue che di
ceua. Q V I V I V E N S L A E D I T M O R T E M E D E
T V R, effendo la proprieta dello fcorpione, di medicare
il ueleno, quando egli è amazzato, & pofto fopra la pia
ga: uolendo, che s'intendeffe, ch'egli haurebbe amazza
to chi preffumeffe d'offenderlo, riualendofi del danno
dell'offefa con la morte del nemico.

Hebbene un'altra il medesimo Signor Luigi di Gonza
ga,che fu molto piu bella et cio fu che essend'egli uenuto
co soldati imperiali,all'assalto di Roma, fra la porta Au
relia, & la Settimiana, doppò gia preso il borgo di san
Pietro, per l'ardire de' soldati di quella bandiera, & mi
serabilmente saccheggiata Roma da Tedeschi, Spagnuoli
& Italiani, ch'adheriuano alla parte Cesarea, egli diceua, che'l soldato debbe hauere per iscopo la fama o buona o trista ch'ella si sia; quasi dicendo che la presa di Ro
ma & la rouina, anchor che fosse abomineuole ad ogni
buono Italiano, pensaua nondimeno che gli douesse dare
fama & riputatione; & per questo inuentò l'impresa del
tempio di Diana Ephesia, il quale essendo abbruciato da
un'huomo desideroso di fama, ne curandosi ch'ella fusse
pessima, & impia per hauer distrutto la piu bella cosa
del mondo, gli fu fatto da Greci un dispetto, che non si
nominasse mai il nome di lui,come sceleratissimo,& abomineuole, il motto suo diceua.

ALTERVTRA CLARESCERE FAMA, ilqua-
le motto gli fu poi messo da me, & fu prouato, & loda
to da lui & da altri ; hauendone esso posto un'altro che
non ci pareua così uiuo, cioe, SIVE BONVM, SI-
VE MALVM FAMA EST.

Ne feci anchor'io una c'haueua dell'altiero al Signor
Marchese del Vasto, anchorche fusse d'honesto proposito,perche dicendo S.Signoria che erano molti nel campo
suo, i quali per gli circoli, & ne gli alloggiamenti pre-
suntuosamente diceuan, il Signor Marchese potrebbe fa
re una grossa incamicita, o un'assalto a un forte,o com-

E ij

battere a bandiere spiegate alla prima occasione, o espu=
gnare il tal castello, mostrando molto sapere, & molto
ardire con le parole, & tassando quasi il Capitano per
cessante, & egli diceua, che questi tali, quando istauano
i pericoli, & bisognaua che mostrassero prodezza, &
menassero le mani, taceuano & non compariuano al biso.
gno, quando esso si trouaua con la spada in mauo, & per
esprimere questo suo concetto, io dipinsi quello instru=
mento mecanico, ilquale ha molti martelli & una ruota,
che fa grande strepito, & si mette sopra i campanili al
tempo delle tenebre ne' giorni santi, per dar segno de gli
ufficij sacri in cambio delle campane, lequali in quel tem=
po per commune instituto a riuerenza della morte di
Christo non suonano, & in luogo d'esse supplisce al biso=
gno lo strepito che fa questo tale instrumento; il quale in
uerità ha una bizzarra presenza, & il motto suo dice,
CVM CREPITAT, SONORA SILENT, cio è quan
do è il uero bisogno, & che il Signor Marchese fulmi=
nando con l'armi entra ne' pericoli, i braui & le Toghe
lunghe de' consiglieri cagliano di timore, & non rispon=
dono alle brauure fatte a parole.

Non lascierò di ragionarui dello stendardo del Conte
di Santafiore, Caualiero ardito & generoso, il quale lo
portò nella battaglia della Scriuia, & fu tutto seminato
di mele cotogne, laquale fu l'antica arme del suo ualo=
rosissimo Capitano Sforza da Cotignola per linea dirit=
ta, arcauolo suo; & tra queste cotogne scorreua un bre
ue con queste parole, FRAGRANTIA DVRANT,
HERCVLEA COLLECTA MANV, uolendo signifi=

care che le mele cotogne colte da quel ualorosißimo Ca=
pitano durano anchora gittando buono odore, alludendo
ad Hercole,che simili frutti colse ne gli horti delle Hespe
ride.Il campo dello stendardo era rosso,& le mele d'oro.

Vna bizzarra impresa inalberò gia per significare
l'animo suo, quel ualente Capitano Borgognone, che ser
uiua i Francesi chiamato Mons.Di Gruer fratello del fa=
moso Antonio Basseio detto Baili di Digeon. Essendo que
sto Gruer innamorato d'una Dama alquanto rustica &
restia, per hauere ancho un marito simile a lei , ma so=
pra tutto auaro: nel mostrar desiderio di uolergli com=
piacere, gli metteuano taglia di cose difficili,per esprime
re ch'era per far ogni cosa in sodisfattione dell'appetito
loro, fece fare nella soprauesta sua,& nelle barde di tut
ti gli huomini d'arme della sua compagnia , una femina
saluatica pelosißima del tutto eccetto,che nel uiso, la qua
le si tiraua adietro per lo naso con una corda un Buffa=
lo , & appresso gli ueniua un'huomo pur peloso con un
gran bastone uerde broncoluto in mano,significante il ma
rito della Dama, quasi che sforzasse il Buffalo a camina
re : & il motto si leggeua, MENATEMI ET NON
TEMETE, uolendo inferire che sarebbe ito pacificamen
te , doue eßi haueßero uoluto , perche per sua disgratia
si trouaua attaccato per lo naso. Faceua quello animalac
cio un bel uedere accompagnato da quelle due figuraccie,
& fu comportata la forma dell'huomo , essendo piu tosto mostruosa che humana.

Fu un gran Signore nostro padrone innamorato d'u=
na Dama, laquale per propria incontinenza non si con=

tentaua de fauori del nobilißimo amante; & praticando
le in cafa un giouine di nation plebea, ma per altro affai
difpofto della perfona , & non brutto di uolto, fi fatta=
mente di lui s'inuaghì, ch'ella (come fi dice) ne menaua
fmanie, & per ultimo indegnamente lo riputò degno del
fuo amore , uenne affai tofto la cofa all'orecchie di quel
Signore , forfe palefandofi per fe fteffa la donna, per gli
inconfiderati , & poco honefti modi fuoi, di che egli e=
ftremißimamente fi fcandalizò ; & commandommi (che
ben commandarmi con ogni ficurtà poteua)ch'io gli fa=
ceßi un'imprefa dell'infrafcritto tenore; Ch'egli ueramen
te fi teneua beato, effendo nel poffeffo di cotanto bene ,
ma accortofi poi d'effer fatto compagno di perfona fi ui
le, gli pareua che da un fommo bene , foffe ridotto in ef=
trema miferia , & difpiacere . Io fopra quefto foggetto
feci dipingergli un carro Trionfale,tirato da quattro ca
ualli bianchi, & fopra ui era un Imperator Trionfante,
con uno fchiauo negro dietrogli, che fopra il capo gli te
neua la laurea all'antica Romana, effendo lor coftume per
ammorzar la fuperbia,et uanagloria dell'Imperatore,di
fare anchor trionfar feco quello fchiauo negro.Era di fo
pra il motto tolto da Giuuenale,cio e, S E R V V S C V R
R V P O R T A T V R E O D E M;uolendo dire,ben ch'io hab
bia il fauore da quefta gentil donna, non mi aggrada pe
rò , effendomi commune con fi ignobile & infimo feruo.
l'Imprefa Hebbe bellißima uifta in pittura,& a quel gen
tilißimo Signore grandemente fodisfece ; la fece poi fcol
pire in una medaglia d'oro, & fu ancho tollerata l'effi=
gie dell'huomo,da chi è fcropulofo compofitor dell'impre

se, essendo in habito straordinario.

DOM. Questa certo mi piace, perche l'anima del uer
so di Giuuenale gli da la uita. Ma ditemi, Monsignore,
i Signori Cardinali, coquali hauete sì lungamente pratica
to, sogliono eglino portare imprese? GIO. Sì uera=
mente, quando essi son principi nobili, come fu il Cardi
nale Ascanio, ilquale hauendo messo ogni suo sforzo in
conclaue per fare creare Papa Roderigo Borgia, che si
chiamò Alessandro Sesto, non stette molto, che ne gli ef=
fetti grandi lo trouò non solo ingrato, ma capital nemi=
co, perche per opera del detto, & per i peruersi disegni
suoi fu scacciato da Francesi il Duca Lodouico da Mila=
no; & senza punto intralasciare l'odio, non restò mai di
perseguitar casa Sforzesca, fin che non furon traditi, spo
gliati dello stato, & condotti prigioni in Francia. In que=
sto proposito fece fare Monsignore Ascanio per impresa
l'Eclipsi del Sole, il quale si fa per interpositione della
Luna tra esso & la terra, uolendo intendere; che sì come
il Sole non risplendeua sopra la terra per l'ingiuria &
ingratitudine della Luna, la quale da se non hauendo luce
alcuna, tutta quella che hà la riceue dal Sole, et nell'Eclip
si la leua al benefattor suo, come ingratissima; così Papa
Alessandro l'haueua pagato d'un sommo benificio riceuu
to con grandissima ingratitudine; il motto diceua, TO=
TVM ADIMIT QVO INGRATA REFVLGET.

DOM. Certo questo Papa Alessandro fu un terribile
& pestifero mostro quasi per tutta la nobiltà d'Italia, sì
come ho uisto nella uostra historia, & mi merauiglio
manco di tanta ingratitudine uerso Monsignor Ascanio,

E   iiij

che fu per un gran tempo l'honor della corte Romana,
hauendo alcuni Papi Successori a lui seguite le medesime
pedate; il che chiarissimamente appare discorrendo so=
pra le uite de Pontifici, che son uenuti poi.

GIO. L'inuentione fu attribuita a M. Bartolomeo
Saliceto, nipote del chiarissimo iurisconsulto Bolognese,
ch'era Ambasciatore del detto Cardinale appresso il Du=
ca Lodouico. Vsò il detto Monsignore innanzi il tempo
delle sue roine certe nuuole illuminate dal Sole, quasi in
forma di fare l'arco baleno, come si uede sopra la porta
di Santa Maria della consolatione in Roma; ma perche
ella è senza anima, ogn'uno l'interpreta a suo modo, &
per diritto, & per rouescio.

Hippolito da Este Cardinale di Ferrara Zio del mo=
derno che ha il medesimo nome, hebbe per impresa un
Falcone, che sosteneua con gli artigli i contrapesi d'uno
horologio; come si uede dipinto su la porta del palco del=
le Terme di Diocletiano; & non ui mise motto, perche
uoleua intendere, con lo spezzar la parola del Falcone,
che faceua le sue cose a tempo, & uiene ad hauere quella
medesima menda il Falcone che ha il diamante della casa
de Medici, & oltra a quel Falcone, portò anchora per
impresa amorosa un Camello inginocchiato carico d'una
gran soma, con un motto che diceua, NON SVEFRO
MAS DE LO QVE PVEDO; uolendo dire alla Dama
sua, non mi date piu grauezza di tormento di quel che
posso sopportare, essendo la natura del Camelo, che spon
taneamente s'inchina a terra per lassarsi caricare, et quan
do si sente addosso peso a bastanza col leuarsi significa

non poterne sopportare piu .

Dppò la morte d'Ascanio, et del Cardinále San Gior=
gio , furono successiuamente il Cardinale Lodouico d'A=
ragona & Sigismondo di Gonzaga , iquali pentendosi
d'hauer creato Papa Leone , l'uno che fu Aragona, por=
tò una tauoletta bianca con un breue, che la giraua a tor
no , dicendo , MELIOR FORTVNA NOTABIT ,
come si uede in piu luoghi nella sala della rocca di Nepi .

Et il Gonzaga portò un Crocodilo, con un motto che
diceua , CROCODILI LACHRIMAE, parole passate
in prouerbio , per significare la simulatione di coloro ,
che hanno belle apparenze d'Amore , & nell'intrinseco
hanno il ueleno dell'odio di male effetto .

Sono poi stati duo luminaria magna della corte Ro=
mana, due giouani l'un dietro a l'altro, Hippolito de Me=
dici, & Alessandro Farnese, & perche di quello habbia=
mo narrato la sua impresa peculiare dello Inter omnes ,
della stella di Venere in forma di Cometa, & quella del=
l'Eclipsi della Luna, narreremo hora quelle del Cardina=
le Farnese , che sono state tre , cio è un dardo che ferisce
il Berzaglio, con un motto greco che diceua , ΒΑΛΛ'
ΟΥΤΟΣ : che uoleua dire in suo linguaggio, che biso
gna dare in carta; & fu inuentione del Poeta Molza Mo
denese, il qual fu molto amato, & largamente benificato
così dal prefato Medici , come da questo Farnese .

La seconda fu una , che gli feci io secondo la richiesta
sua, come si uede nelle superbe & ricche portiere di ri=
camo, Et fu dicendo S. Signoria Reuerendissima ne primi
anni del suo Cardinalato , che non era anchora risoluto,

quale impresa doueste portare, & ch'io ne douessi trouar'una, conforme a quanto mi diceua, uolendo dire che
prosperandolo Dio, & la fortuna negli occulti desiderij
suoi, che al suo tempo gli palesarebbe con una chiara im
presa. Et io gli feci perciò un cartiglio bianco, con'un
breue attorno, che diceua, VOTIS SVBSCRIBENT
FATA SECVNDIS, Perche si come il motto fu giudicato al proposito, così la pittura ha bella apparenza, se
condo che hauete potuto uedere al Museo, alla sala dedicata alla Virtù.

Vltimamente quando da Papa Paolo III. fu mandato
Legato in Alemagna, col fiore de' Soldati d'Italia, in aiu
to di Carlo Quinto Imperatore, per domare la peruersi
tà de Tedeschi, fatti in gran parte Lutherani, & rebelli
alla M. Cesarea, gli feci per impresa il fulmine Trisul-
co, che è la uera arme di Gioue, quando uuol gastigare
l'arroganza, & poca religione de gli huomini, come
fece al tempo de' Giganti, col motto che diceua, HOC
VNO IVPPITER VLTOR, Assimigliando le scom-
muniche al fulmine, il Papa a Gioue. Et così come si ue
de in buona parte, per questi aiuti che nel principio del
la guerra furono molto opportuni, Carlo Quinto con
somma gloria riuscì uittorioso & inuittissimo.

M. Andrea Gritti Proueditore alla guerra de' signori Vinitiani, fu di chiarissima fama dal principio alla fin
della guerra, & durò otto anni, & perciò meritò per
il suo franco ualore d'esser creato Principe, & Doge della sua Rep. In quel tempo che per sua uirtù si ricuperò
Padoua, & la difese dall'impeto di Massimiano Impera-

tore, che haueua seco tutte le nationi d'Europa . Portò
una magnanima impresa,che fu inuentione di M. Giouan
ni Cotta , celebratissimo Poeta Veronese , & fu il cielo
col zodiaco & suoi segni , sostenuto dalle spalle d'Atlan
te,come figurano i Poeti, che sta inginocchiato con la
gamba sinistra, & con le mani abbraccia il cielo,con un
breue che riesce sottouia , S V S T I N E T , N E C F A X
T I S C I T ; Anchor che esso Signore come modesto non
lo portasse in publico per fuggir l'inuidia, benche gli
piacesse molto,& fosse ben lodato da ogn'uno.Et anchor
che Atlante habbia forma humana, pur si può tollerare
per esser cosa fauolosa .

Non merita d'esser passata con silentio la Signora Isa
bella Marchesana di Mantoua, che sempre fu per li suoi
honorati costumi , magnificentissima , & in diuersi tempi della uita sua hebbe uari affronti di fortuna,i quali le
diedero occasione di fare piu d'un impresa;& fra l'altre
accade che per souercchio amore,che portaua il figliuolo suo il Duca Federigo ad una gentildonna,allaquale egli
uoltaua tutti gli honori , & fauori , essa restò come de-
gradata, & poco stimata ; talmente che la detta innamo
rata del Duca caualcaua superbamente accompagnata
per la Città dalla turba di tutti i gentil huomini , ch'erano soliti accompagnare lei , & di sorte che non restarono in sua compagnia , se non uno o due nobili uecchi,che
mai non la uolsero abandonare. per lo quale affronto essa
Sig. Marchesa fece dipingere nel suo palazzo Suburba-
no , chiamato Porto , & nella Corte necchia , una bella
impresa a questo proposito, che fu il candelabro fatto in

triangolo il quale ne diuini offitij hoggi di s'usa per le
chiese la settimana Santa , nel quale candelabro, misterio
samente ad uno ad uno si leuano i lumi da Sacerdoti , fin
che un solo ui resta in cima , significatione che il lume
della fede non pò perire in tutto; alla quale mancò il mot
to , & io che fui gran Seruitore della detta Signora , ue
l'aggiunsi : & è questo, SVFFICIT, VNVM IN
TENEBRIS; alludendo a quel di Vergilio , unum pro
multis . Portò similmente questa nobilissima Sig. per im=
presa un mazzo di polizze bianche, le quali si traggono
dall'urna della sorte , uolgarmente detta lotto , uolendo
significare , che haueua tentato molti rimedij , & tutti
l'erano riusciti uani: ma pur alla fine restò uittoriosa con
tra i suoi emuli, tornando nella sua grandezza di prima,
& portò per impresa il numero x x v i i, uolendo inferi
re, come le sette, lequali l'erano state fatte contra, erano
tutte restate uinte & superate da lei : il qual motto an=
chor che habbia di quel uitio detto per innanzi, par non=
dimeno tollerabile in una donna , & così gran Signora .

Al figliuolo primogenito del Sig. Marchese del Vasto
herede del nome & dello stato del Marchese di Pescara,
nel quale si uede espresso segno di chiara uirtù, per cor=
rere alla fama & gloria del Zio , & del padre, & altri
suoi maggiori, andando esso in Spagna a seruire il Re Fi
lippo, feci per impresa il gran stipite del lauro della casa
d'Aualos, nel quale si ueggono troncati alcuni piu grossi
rami, & fra essi si uede nato un dritto, & gagliardo ram
pollo, il quale crescendo ua molto in alto , con un motto
che dice, TRIVMPHALI ESTIPITE SVRGENS,

ALTA PETIT, *& uien tanto piu al proposito,quan=*
to che il Lauro è dedicato a Trionfi.

Non lascierò di contarui una ch'io feci l'anno passato
al Signor Andrea figliuolo dell'Eccellentißimo Sig. Don
Ferrante Gonzaga , il quale come giouanetto d'indole ,
& speranza di sommo ualore , hauendo ottenuto la con=
dotta d'una compagnia di caualli,mi ricercò dell'impresa
per lo stendardo , & io alludendo a quel di Vergilio,Par
ma Inglorius Alba , gli feci uno scudo , ouer brocchier
rotondo , col campo bianco c'haueua intorno un fregio ,
il quale haueua dentro quattro piccoli tondi in quattro
canti , legati insieme con quattro festoni d'alloro,nel pri
mo u'era il cruciolo dell'oro affinato,del magnanimo Sig.
Marchese Francesco col suo motto,Probasti me Domine;
il quale Marchese fu suo auolo paterno , nel secondo il
monte Olympo , con l'altare della fede del Duca Federi=
go suo Zio . Nel terzo quella dell'Auolo materno , An=
drea di Capoua , Duca di Thermoli,ch'era, come di so=
pra ho detto , un mazzo di partigiane da lanciare , col
motto che diceua , Fortibus non deerunt. Nel quarto era
il Cartiglio del Sig.suo padre,senza corpo, cioè,nec spe,
nec metu,& giraua per l'estremità nel campo bianco del
lo scudo intra l'alloro un breue d'oro che diceua , VIR=
TVTIS TROPHEA NOVAE NON DEGENER
ADDET , uolendo dire , ch'egli non tralignerà da' suoi
maggiori , ma aggiungerà qualche sua gloriosa & pecu
liare impresa ; & questa inuentione fece uago uedere ne
lo stendardo col suo honesto & moderato significato .
DOM. È poßibile Mons.che questi uecchi Capitani, &

principi non portaſſero qualche arguta impreſa? Par che
queſti Signori, & in ſpetie quegli di Milano, per un
gran tempo non ſapeſſero uſcire di ſempreuiui, di Burat
ti, Morſi, Muraglie, Streglie, Scopette, & ſimil tra=
me, con poca uiuezza di motti, & forſe troppo arro=
gante ſignificato. G I O. Egli è uero, ma pure ce ne ſo=
no ſtati alcuni che hanno hauuto del buono, et dell'eleган
te, come fu quella di Galeazzo Viſconte, che edificò il
Caſtello, il parco, & il ponte di Pauia, opra pari alla
grandezza de' Romani, eſſo portò il Tizzone affocato,
con ſecchie d'acqua attaccate, uolendo dire che eſſo por=
taua la guerra, & la pace, poiche con l'acqua ſi ſpenge
il fuoco; uero, è che gli mancò il motto.

Ma quella del Conte Nicola da campo baſſo, a memo=
ria de' noſtri padri hebbe ſoggetto et anima, il quale ſtan
do al ſoldo col gran Duca Carlo di Borgogna, non ſi cu=
rò d'accquiſtar fama di notabil perfidia, per uendicarſi
d'una priuata ingiurla; & cio fu, perche per un diſpare=
re in una conſulta di guerra dal Duca Sig. ſuo ſouerchia
mente colerico rileuò una groſſa ceffata, laquale mai non
ſi potè dimenticare, riſeruandola nello sdegnato petto.
alla occaſione di poterla uendicare; et coſi fece. doppo un
gran tempo alla giornata di Nanſi, nella quale auuisò
Renato Duca di Lorena, che non dubitaſſe d'aſſaltare il
Duca con gli Suizzeri. perche egli con le ſue genti d'ar=
me non ſi ſarebbe moſſo a dargli aiuto, ma ſi ſtarebbe a
uedere: & in quel conſerto reſtò fracaſſato & morto il
Duca, & eſſo Conte Cola addrizzò la ſua bandiera uer=
ſo Francia, accoſtandoſi al Re Luigi, & portò poi nel=

la bandiera sua figurato, un gran pezzo di marmo, d'u=
na antiquità rotto per mezzo dalla forza d'un fico salua
tico, il quale col tempo porta ruina, ficcandosi per le
fissure, & commissure con lenta uiolenza, & sopra ui
portò il motto, tolto da Giuuenale, che diceua, IN=
GENTIA MARMORA FINDIT CAPRIFICVS,
& fu reputata questa impresa non solo bella di uista, ma
molto essemplare a Principi, che non debbano per colera
uillaneggiare i seruitori, massimameute nobili & d'im=
portanza. DOM. Questa fu una gran uendetta, ma
ignominosa, & mi parue quasi simile a quella del prete
Rinaldo da Modona Cappellano sottomastro di casa, &
alle uolte cameriero di Christofaro Eboracense, Cardinal
d'Inghilterra, il quale hauendo riceuuto alcune uolte so=
pra l'ingiurie di parole di fiere bastonate dal Cardinale,
ch'era capriccioso & gagliardo di ceruello, per uendi=
carsene crudelmente l'auuelenò, & ammazzò; & confes=
sando poi il delitto fu squartato al tempo di Leone in Ro
ma. Basta che non si debbe giocar di mano in nessun caso
con huomo fatto, perche bisogna o amazzare o lasciar
star di battere; percioche alla fine ogn'huomo offeso pen
sa alla uendetta per honor suo.

GIO. Sono alcuni grandi, che nelle imprese loro se
guono la conformità o del nome o dell'arme loro, come
fece il gran Matthia Coruino Re d'Vngheria, il quale
portò il coruo per impresa, uccello di forza, ingegno,
& uiuacità singolare; & chi portò l'arme propria, come
fu il Signor Giouāni Schiepusense, fatto Re d'Vngheria,
per fauore di Solimano Signor de Turchi, & per affet=

tione d'alcuni baroni del Regno coronato in Alba rega=
le, esso portò per impresa una Lupa con le poppe pie=
ne, che fu anchora l'arme del padre; ma egli ui aggiunse
il motto composto con conuencuole argutia dal Signor
Stefano Broderico gran Cancelliero del Regno, che dice
ua, SVA ALIENAQVE PIGNORA NVTRIT;
uolendo dire che riceueua in gratia quegli anchora che
gli erano stati contrari.

Io m'era quasi scordato di dirui una, che ne portò il
Signor Francesco Maria della Rouere Duca d'Vrbino,
doppo che con le sue mani amazzò il Cardinal di Pauia
in Rauenna, per uendicare l'importantissime ingiurie,
che da lui haueua riceuuto; Et fu un Leone rampante, di
color naturale in campo rosso, con uno stocco in mano,
& con un breue che diceua; NON DEEST GENE=
ROSO IN PECTORE VIRTVS, & fu inuentato a
similitudine di quello che portò Pompeo (come narra
Plutarcho) dal Conte Baldassare Castiglione, il quale in=
teruenne col Duca alla morte del detto Cardinale, anchor
che il Duca non uolesse fare molta mostra di questa im=
presa, per fuggir l'odio & l'inuidia de Cardinali.

Il Signor Stefano Colonna ualoroso, & Magnanimo
Capitan Generale del Duca Cosmo, portando per impre
sa la Sirena, antico Cimiero di casa Colonna, mi richie=
se alla domestica come compare ch'io gliera, ch'io gli
uolessi fare un motto per appropriarsi per impresa la det
ta Sirena, commune a sua casa, & cosi conformandomi
col suo generoso pensiero gli feci, CONTEMNIT TVTA
PROCELLAS, uolendo dire ch'egli sprezzaua l'auuer=
siti

sità, come confidatosi nel ualor suo, nel modo che quella col suo nuotare supera ogni tempesta.

Feci anchora per rouescio d'una medaglia che puo Seruire per ricami, & altre pitture all'Eccell. Signora Duchessa di Fiorenza una Pauona in faccia, laquale con l'ali alquanto alzate, cuopre i suoi Pauoncini, tre alla destra, & tre alla sinistra, con un motto che dice, CVM PVDORE LAETA FOECVNDITAS, alludendo alla natura dell'uccello, il quale perciò e dedicato a Giunone Reina del Cielo secondo l'oppenione de' Gentili. DOM.

Ditemi Mons. poi che hauete numerato discendendo dal sommo al basso, quasi tutti i famosi Principi & Capitani, & Card. ecci nessun'altra sorte d'huomini c'habbia portato imprese? GIO. ce ne sono, & fra gl'altri alcuni letterati a mio giuditio della prima classe, cioè M. Iacopo Sannazzaro, il quale essendo fieramēte innamorato, & stimando che cio gli fusse honore, con allegare il Boccaccio che lodò Guido Caualcanti, Dante, & M. Cino da Pistoia, sempre innamorati sino a l'estrema uecchiezza, stette sempre in aspettatione d'essere ricompensato in amore, come gli auuenne, & portò per impresa un' urna piena di pietruzze nere con una sola bianca con un motto, che diceua, EQVABIT NIGRAS CANDIDA SOLA DIES; uolendo intendere, che quel giorno che sarebbe fatto degno dell'amor della sua Dama, haurebbe contrapesato quegli che in uita sua haueua sempre negri & disauenturati. & questo alludeua all'usanza degli antichi, i quali soleuano segnare ogn'uno il successo delle giornate loro buone, & cattiue con le pietruzze nere

F

& bianche che al fine dell'anno, annouerandole, faceua
no il conto seguendo quelle che gli auanzauano, se l'anno
gli era stato prospero o infelice. Questa impresa fu bella,
& domandandomene esso il mio parere, gli dissi, ch'era
bellissima, ma al quanto preternaturale, perche l'urne
de gli antichi, soleuano essere, o di terra, o di mettallo,
& perciò non si poteua figurare, che dentro ui fussero
molte negre, & una sola bianca, per non poter essere
trasparente.

Allhora egli urbanissimamente rispose, egli è uero
quel che dite, ma a quel tempo, l'urna mia fu di uetro
grosso, per lo quale poteuano molto bene trasparere det
te pietruzze; & cosi con gran riso gittammo il motto,
& l'arguta risposta in risa. Fece una bella impresa M.
Lodouico Ariosto facendo il uaso delle pecchie, allequali
l'ingrato uillano ui fa il fumo, & le amazza per cauare
il mele et la cera, col motto di sopra che diceua, P R O
B O N O   M A L V M, uolendo forse che s'intendesse com'egli
era stato mal trattato da qualche suo padrone; come si
caua dalle sue Satire.

Erasmo Rhoterodamo, nato nell'estrema Isola d'Ho=
landa, all'età nostra fu si ricco di dottrina, & hebbe si
fecondo ingegno, che auanzò ogni altro letterato, come
si uede per l'infinite sue opre; per la quale authorità di
dottrina portò per impresa un termine, di significato al
quanto altiero; uolendo inferire, che non cedeua a nes=
sun altro scrittore, come anche il Dio termine non uolse
cedere a Gioue in Capitolio, come scriue Varrone, &
il suo motto che su questo, V E L   I O V I   C E D E R E

NESCIT, *fu Erasmo amicissimo di Thomaso Moro In-*
glese huomo di pari celebrità d'ingegno , alqual doman-
dando Erasmo , qual sentenza gli pareua che stesse bene
da mettere sopra la porta dello studio o scrittoio suo, ar-
gutamente rispose, che ui sarebbe propriamente conuenu-
ta l'imagine d'Apelle, il quale dipingesse, & *merauiglian*
dosi di cio Erasmo, replicò il Moro ; perche no? poi che
esso Apelle disse, NVLLA DIES SINE LINEA,
ilquale precetto è da uoi molto bene osseruato , poi che
scriuendo fate stupire il mondo , delle uostre innumera-
bili opre.

Portò anchora il dottissimo M. Andrea Alciato , no-
uellamente passato a miglior uita, il Caduceo di Mercu-
rio, col corno della diuitia della Capra Amalthea, uolen-
do significare che con la copia delle dottrine & *con la fa-*
cultà delle buone lettere , delle quali si figura Mercurio
Padrone , haueua acquistato degno premio alle sue fati-
che ; ma in uero questa bella impresa haueua bisogno
d'un'anima & *frizzante.*

DOM. E uoi Mons. che ualete quel che ualete , &
sarete forse stimato piu doppò morte che hora , perche
con la morte uostra, estinguerete l'inuidia, & *la uera*
gloria uiene a chi la merita , doppò la morte , portaste
mai nessuna impresa , che habbia corpo? percioche assai
hauete detto sopra dell'anima , che uoi portate sen-
za soggetto del FATO PRVDENTIA MI-
NOR, *come si uede* & *nelle case uostre ,* & *nel Museo,*
in ogni ornamento d'apparato uostro di casa. GIO.

Certo io ho desiderato molto trouarne il soggetto che

*habbia del buono, ma non l'ho mai trouato, anchor ch'io
habbia conosciuto per pruoua, che'l motto è piu che ue-
rißimo, & per chi pensa con ogni diligenza mondana
trouare schermo alla fortuna che uiene dal cielo, che così
uole intendere il fatto, che non è altro che uolontà diui-
na, laquale ha piu forza che la uirtù & solertia humana, s'inganna molto. E ben uero che in mia giouentù essendo io preso d'amore in Pauia, fui necessitato, per non
far peggio, prendere un partito dannoso per saluar la
uita, & uolendo mostrare la necessità che mi sforzò, se-
ci quel animale che in latino si chiama Fiber Ponticus,
& Castor in uulgar, il quale per fuggire delle mani de
cacciatori, conoscendo d'esser perseguitato per conto de
testicoli, che hanno molta uirtù in medicina, da se stesso
non potendo fuggire se gli caua co denti, & gli lascia a
cacciatori, come narra Giuuenale, con un motto di sopra
che diceua in Greco, A N A I K I, che uol dire nece-
sità; alla quale, si come scriue Luciano, ubidiscono gli
huomini, & gli Dei.*

*Portonne anchora al proposito suo il Caualier Baccio
Bandinelli molto eccellente statuario Fiorentino, il quale
per sua uirtù, & famose opere è riuscito, & nobile &
ricco, & gratißimo al principe, il Signor Duca Cosmo,
laquale impresa è una grossa massa di finißimo cristallo,
il quale pende da una asprißima balza di Montagna, con
un motto che dice,* EX GLACIE CHRISTALLVS
EVASI, *testimonio della sua molta modestia, pretiosa
uirtù. E questa impresa è inuentione di M. Giulio Giouio mio coadiutore & nipote.*

Hanne similmente fatta una per se medesimo il detto
mio nipote M. Giulio, con laquale s'inaugura accrescimen
to, come merita il suo letterato ingegno, figurando un
albero inestato con un motto Tedesco, che dice, V V A N.
G O T V V I L, che uol dire, quando Dio uorrà, que
sto mio inesto apprenderà & fiorirà. D O M. Se non
fosse presuntione, io ui direi Monsignor una ch'io ho
fatta per me, anchor che l'imprese si conuengono a per
sone di maggior pregio, che non sono io. G I O. Et
perche non istanno elleno bene à uoi? ditela pure sicura
mente, che insino adhora ui assoluo da ogni biasimo di
presuntione, che perciò ne poteste incorrere, D O M.
Assicurato dunque dall'authorità & fauor uostro, dico,
che uolend'io significare un mio concetto, assai modesto,
ho fatto questa impresa, & è, che non potend'io stare
nella patria mia Piacenza, con quella tranquillità, &
contentezza d'animo ch'io uorrei, mi ho eletto per secon
da patria questa floridissima Fiorenza, oue io spero pro
sperare sotto questo liberale, & giudicioso Principe; &
così ho figurato un'albero di Pesco carico di frutti, il qua
le albero non ha felicità nel suo terreno natio, per esser
uelenoso, ma trapiantato poi in terreno lontano, & fer
tile prende felice miglioramento con un motto che dice,
T R A N S L A T A P R O F I C I T A R B O S   G I O.
Questa uostra impresa, Domenichi mio, anchor che
sia ingegnosa & discreta, mi dispiace per due conti.
D O M. Di gratia Mons. siate contento dire perche.
G I O. l'uno è, perche se ben mi ricorda, ella è gia stata
inuentione di M. Andrea Alciato negli emblemi suoi, l'al

F   iij

tro perche non conuien molto a uoi, che gia non setè uoi
pianta uelenosa, & tale, che non haueste potuto, uolen
do far anchor frutto nel uostro natio terreno ; si che , se
farete a mio senno, ue ne prouederete d'un'altra, che piu
ui si confaccia. DOM. Orsu dunque hauendo uoi fat=
te tante imprese ad altri non mi uolete esser cortese d'una
delle uostre uiuissime & argute. perche in uerità ne an=
che io mi sodisfaccio molto della mia del pesco. GIO.
Si ueramente uoglio, & non gia per pagare con si poca
cosa la gran fatica, che durate nel tradurre le mie histo
rie. E sarà forse questa piu conueniente all'honorato pro
posito uostro, perche nell'adoperarui uoi tanto con l'in=
gegno nelle buone lettere , uoi ui assomigliarete al uome
ro dell'aratro, il quale per il lungo uso diuenta lustro et
forbito, come se fusse d'argento; & pero farete un uome
ro con un motto, che dice, LONGO SPLENDESCIT
IN VSV. DOM. Veramente ch'io mi affatico uolen=
tieri , & son tuttauia , per esercitarmi fin che uiuo, con
isperanza d'acquistar qualche splendor di fama ; & in
questo almeno imiterò V.S.che col continuo studio s'è fat
ta immortale , la qual cosa non succede però a molti .

　Haureste uoi , Mons. da raccontarmi piu qualch'al=
tra bella impresa , perche io non uorrei gia che questa
festa cosi tosto finisse? GIO. Veramente non me ne
souiene piu nessuna , laquale habbia del buono , ne uo=
glio come io sono usato di dire, guastare la coda al fagia
no , accozzando corniole con rubini , Plasme con isme=
raldi , & berilli con Diamanti, e ben ui deurebbono ba=
star queste, ch'io ui ho raccontate , & douete ancho ha=

uer compaßione all'età mia , nella quale la memoria suol
patir difetto ; anchor che sino ad hora la Dio gratia, io
non lo senta. Dom. Io conosco Mons. che uoi hauete fat
to piu del douere,et so che chi uedrà in iscritto quel che
uoi di questa materia hauete ragionato , dirà , che ue ne
sono infinite d'altre belle;ma uoi potrete scusarui & di=
re , come hauete detto nel libro de gli Elogij de gli huo=
mini famosi in arme , frescamente publicato, che se pure
se ne sono tralasciate , cio non è stato colpa uostra , ma
per difetto di non hauer ritrouato i ritratti in gran par
te per cagione di chi non s'è curato di mandargli al Mu=
seo , a quella bella compagnia di tanti Heroi, & gia m'è
capitato alle mani un Romagnolo il quale si lamenta,che
ne gli Elogij non ha ritrouato il Caualier dalla Volpe, il
qual fu si gran ualent'huomo , al seruitio di San Marco
per honor d'Italia , ma io l'ho consolato, dicendogli,che
io era certo che'l Signor Caualiero , non s'haueua fatto
ritrarre per essere alquanto diforme di uolto,essendogli
honoratamente stato cauato un'occhio in battaglia,et che
gli harei procurato , ricompensa in questo trattato del=
l'imprese. Lo domandai adunque se egli haueua portato al
cuna impresa : come, disse egli,non si sa che portaua una
braua uolpe , che mostraua i denti nella bandiera con un
motto che diceua, Simvl astv et dentibvs
vtor , Volendo dire, che non bisognaua scherzar se=
co , perche si sarebbe difeso in tutti i modi. Gio. il
Caualier fu ualente & uigilante, & nell'historia nostra
non passa senza lode ; & per questo il Senato Vinitiano
gli fece dopò morte una bella statua , di legno dorata in

E iiij

Santa Marina in Vinegia.

Io non uo gia tacerui per l'ultima imprefa di Giouan
ni Chiuchiera Albanefe, chiamato il Caualier famofo fu
le guerre, il quale ne portò una faceta & ridicolofa, a
chi la miraua, fimile alla predetta. Portò coftui nella
fua bandiera per moftrare l'ardita natura fua ualorofa,
nell'efercitio del caual leggieri un feroce Lupo, che ha=
ueua nelle gambe una pecora prefa, & mezza infangui=
nata nel collo, in atto con la tefta riuolta addietro, uerfo
due groffi cani di Paftori che lo feguono per torgli la
preda, de quali due l'uno piu uicino uoltaua anch'egli la
tefta in dietro a uedere, fe gli altri cani ueniuano a foc=
correrlo, temendo d'affaltare fi terribil nemico. Et M.
Giouan'Antonio Mugettola gli fece quefto motto latino,
PAVENT OVES, TIMENT CANES, INTREPI
DVS MANEO. di quefta imprefa molto fi motteggia=
ua & rideua, il Signor Marchefe del Vafto, ueggendo=
dola fpiegata, ma a dire il uero della boffola de
condottieri ce ne fono tanti, che affogareb=
bono ogni diligente & laboriofo
fcrittore, ilquale penfaffe di
uolere fermarfi in ogni
paffo, doue ap=
parifca
qualche ualore & prodezza
di famofo foldato.

IL FINE DELL'IMPRESE DI
MONSIGNOR GIOVIO.

RAGIONAMENTO
DI M. LODOVICO
DOMENICHI.

NEL QVALE SI PARLA D'IMPRESE
D'ARMI, ET D'AMORE.

*INTERLOCVTORI, M. POMPEO DAL-
LA BARBA, M. ARNOLDO ARLIENO,
ET M. LODOVICO DOMENICHI.*

 ERTO *belli & honorati ragio
namenti debbono essere i uostri,
coppia uirtuosa et gentile.* A R.
*Noi ragionauamo hora d'assai
debil suggetto,& cio era, che'l
Domenichi m'hauea mostrato
una sua medaglia,et stauamo di-*
scorrendo *sopra la industria dell'artefice che cosi uiua-
mēte ha saputo rappresentarlo,e in si poco spatio.* P o m.
Digratia fatene parte anchora a me, M. Lodouico mio.
L o. *Io non posso mancarui, benche cio sia ambitione*

anzi che no; perche le medaglie e i rittratti si conuengo=
nio a gli huomini illustri , & non alle persone oscure , si
come io sono . P o m . Lasciamo hora il ragionare quel
che uoi siate, e fatemi ueder limagine uostra. L o . Que=
sto è un ritratto che gia tre anni sono , Domenico Pog=
gini uolle far di me, mosso dalla sua uera cortesia, & dal
l'amor che mi porta; allaqual cosa acconsentij facilmen=
te, sol per non rifiutar lhonore e'l fauore fattomi da cosi
caro & uirtuoso amico; & non perche io non conoscessi,
come io u'ho detto , che queste memorie si conuengono à
maggiore huomo , ch'io non sono . P o m . Lartificio
è bellissimo , & l'impronta anchora , a mio giudicio , ui
somiglia per eccellenza . A r . Il rouescio poi anch'egli
è molto ingegnoso : cotesto uaso di fiori folgorato , col
motto Greco , ΑΝΑ ΔΕΔΟΤΑΙ ΚΑΙ ΟΥ
ΚΑΙΕΙ. perche hauete uoi preso questo uaso di fiori?
L o . Per la uita humana , e i fiori per le uirtù & gratie
donate dal cielo ; lequali , come è piaciuto a D i o , sono
state fulminate & percosse , ma non arse & distrutte .
Percioche si come uoi sapete, tre sorti ci sono di folgori,
luna delle quali , per usar le parole di Plinio , afflat &
non urit . & questa proprio , per arrecarmi tutti i fla=
gelli & le tribulationi da D i o , ilquale , come dice San
Paolo , quos amat , hos & castigat , & percio con amo
reuolezza paterna s'è degnato flagellarmi ; m'ha fatto
accorto , & riconoscente de glinfiniti suoi benifici in me.
dispensati , & della ingratitudine mia . A r . Piacemi
la inuentione e il motto. Ma perche lo faceste uoi Greco,
& non piu tosto Latino , o Toscano ? L o . Perche io

tolli, ch'e fosse inteso da alcuni, & non da tutti. Et poi, si come uoi douete sapere, i motti delle imprese s'hanno da fare in lingua differente da quella, che noi fauelliamo. POM. Io mi ricordo hauer letto un Dialogo di Mons. Giouio, che ne ragiona a pieno, & parte racconta infinite imprese militari, & amorose di diuersi Principi, Capitani, e huomini priuati moderni. ilqual Dialogo è ueramente dotta & piaceuole lettione. LO. Cosi è come uoi dite, M. Pompeo: & parmi, che d'ogni sugget to che'l Giouio tolse a trattare, n'habbia ragionato con dignità & eruditione, percioche oltra ch'egli era dottissimo, & di si profonda memoria che tutto quello ch'egli hauea letto, sempre se lo ricordaua; haueua anchora tanta & si lunga esperienza delle cose del mondo, che non era altro piacere, ch'udirlo fauellare. E io per me confesso liberamente d'hauer perduto molto nella sua morte. Sed uiuit Dominus. AR. Hanno scritto de glialtri anchora in questa materia, et lodeuolmente, si com'è stato l'Alciato ne' suoi Emblemi, e'l Bocchio ne suoi simboli; ma oltra di loro tutto di si fanno nuoue imprese, delle quali alcune meritano lode, altre son degne di biasimo & di riso, secondo largutia, & la sciocheria de gli inuentori. LO. Io n'ho ueduto à miei di molte nell'uno & l'altro genere, ma molte piu goffe & ridicole, che ingegnose & argute. POM. Deh non u'incresca, Messer Lodouico contarcene parecchie dell'una & l'altra specie, che farete ancho, si come io credo, piacere a Messer Arnoldo; ilquale non penso che sia hora punto piu occupato di me. AR. Non ueramente; & quando anche io

foßi, non so doue io potessi spender meglio un'hora,che
in così uirtuosa compagnia . Però per me non resti il Do
menichi di ragionare di così piaceuole materia;che tanto
ragionasse egli,quanto io starei ad ascoltarlo. Lo. Gran
sodisfattione ha colui che ragiona , quando egli ha grata
udienza,& maßimamente di persone dotte , & honora=
te ,si come uoi sete. Dolcißimo dunque mi sarà il fauel=
lare , & essere uolentieri udito da uoi due,che per esse=
re huomini giudiciosi et litterati, io stimo molto piu,che
tutto un popolo intero , doue difficilmente si potrebbe
trouare una coppia simile a uoi . A R. Noi ui saremo
doppiamente tenuti , poi che oltra il ragionarci di cose
erudite, & belle, ci honorate ancho con così degne lodi.
L o . Le lodi, ch'io u'ho date , sono di gran lunga infe=
riori al merito uostro: ma hora non è tempo d'entrare in
così largo & profondo pelago. Però uenendo all'intento
mio , dico , che io mi ricordo hauer ueduto in Fiorenza
nel palazzo di M.Luca Pitti,caualiere,ilquale fu a suoi
di grandißimo cittadino , & concorrente di Cosmo uec=
chio de Medici , una Impresa assai chiara senza motto;il
qual motto , si come scriue il Giouio , & uoi sapete , è
l'anima dell'Impresa;laquale era un pezzo d'artiglieria;
che con la furia della poluere & del fuoco cacciaua fuo=
ra una palla:uolendo percio inferire , che egli haurebbe
cacciato le Palle fuor di Fiorenza col fuoco. P o m.Gran
de animo hebbe questo caualiere, se l'opere hauessero pa
reggiato il suo desiderio:ma uedete ben poi , che si come
l'Impresa sua non hebbe l'anima del motto , così la sua te
meraria intentione fu priua d'effetto . Percioche gli suc=

cesse apunto tutto il contrario di cio, ch'egli haueua dise=
gnato, essendo egli costretto andar'in esilio, & perdere
la patria, laquale egli intendeua di torre ad altri.
L o. Io mi ricordo hauer ueduto essendo a studio in Pa=
uia, una Impresa della S. Hippolita Fioramonda Marche
sa di Scaldasole, laquale era l'anima senza il corpo cio è
motto senza Impresa, nondimeno bello & artificioso, &
tolto dalla sacra scrittura, accomodandosi benissimo alla
intentione di questa giudiciosa gentildonna. Era dunque
il motto. CAVSAM QVAERIT, uolendo col fini=
re il rimanente della clausula, (che dice, Qui discedere
uult ab amico), far conoscere al mondo la ingiuria, che
l'era fatta a torto da alcuni suoi parenti. Vn altra Im=
presa simile a quella della Marchesa, simile dico, quan=
to all'essere anima senza corpo portò la Signora Agnola
de Rossi, maritata prima al S. Vitello Vitelli, & di poi
moglie del Signor Alessandro Vitelli; & cio fu un motto
NON SINE QVARE, fatto da lei quando ella giu=
diciosamente si maritò la seconda uolta. Percioch'essendo
ella & giouane & bellissima anchora, sauiamente proui
de all'honor suo; & oltra i primi, ch'ella haueua fatti al
primo marito, di molti altri & belli et ualorosi figliuoli
produsse al secondo marito. La Impresa del S. Hermete
Stampa, fratello del Conte Massimiano, quando egli era
Prelato, era una pianta d'alloro minacciata dal folgore,
col motto, NEC SORTE, NEC FATO; uolendo, a
mio giudicio, mostrare che la sua uirtù non poteua essere
offesa ne percossa dalla sorte, ne del fato che, si come
scriue Plinio, & uoi benissimo sapete, l'alloro non è toc=

co del folgore . Il detto S. Hermete n'ha poi fatta un'al=
tra , dapoi ch'egli è stato creato Marchese di Soncino, et
ch'egli ha preso moglie; & cio sono due alberi di palma,
il maschio & la femina ; iquali non fanno frutto mai, se
non sono piantati l'uno appresso all'altro . Et , per quel
che mi pare , ha uoluto in cio mostrare la sua lodeuole
intentione , & gliefetti del santissimo matrimonio : ha=
uendo egli con maturo giudicio lasciato lhabito ecclesiasti
co per propagare la sua illustrißima famiglia.A R. Que
sto prudente signore non ha egli fatto motto ueruno alla
sua bellißima Impresa ? L o. Ben sapete , che ha; &, se
ben mi ricorda , dice , M v t v a   f o e c v n d i t a s ,
Non punto meno ingegnosa & arguta fu la Impresa del
S.Conte Massimiano Stampa suo fratello; ilquale essendo
innamorato della Signora Anna Morona , laquale tolse
poi per moglie;portò per Impresa il Verme. che fa la se
ta ilquale non uiue,se non di foglie di Gelso moro, chia=
mato in Lombardia Morone : il motto suo fu S o l   d i
c i o   v i v o , ch'è un mezzo uerso del Petrarcha , &
chiama dopo se quel che segue : Et d'altro mi cal poco.
P o m.Questo nobilißimo Signore assai uiuamente espres
se la cortese intentione dell'animo suo ; parendo a me,che
egli non uolesse inferire altro , se non che,come quello
animaletto uiue solo delle frondi del Gelso, cosi egli per
allhora si contentaua di pascersi delle foglie del suo amo
re , sperando di douer godere i frutti al tempo di legitti
mo matrimonio , si come egli godè poi. A r.   A me pa=
re , M. Pompeo.che uoi habbiate colto apunto nel ber=
zaglio . L o. Cosi è ueramente , come uoi dite. Porta=

ua il Conte Brunoro Pietra il uecchio, la Cigogna nel ni=
do co' figliuoli, che le portano il uitto, si come quegli,
che ricordandosi di tanti oblighi, che hanno alla madre,
pietosamente si dispongono, quando ella è hoggimai fat=
ta uecchia, & che da se stessa non puo piu proccaciarsi
il mangiare, di prouedergliene essi, & di non lasciarla
morir di fame: usando gratitudine & pietà singolare uer
so chi gli ha ingenerati & nodritti. quel che non fanno
molti ingrati & sconoscenti figliuoli iquali poco ricor,
deuoli de glinfiniti benifici riceuuti da padri, poi ch'essi
sono giunti all'estrema uecchiezza, gli abandonano d'o=
gni soccorso. Donogli questa Impresa Massimiano Sfor=
za Duca di Milano, ilquale essendo stato amoreuolmen=
te aiutato, & alleuato fuor di casa sua dal detto Conte
Brunoro, come grato riconoscitore de benifici a lui fatti
oltra la Impresa, lo gratificò anchora con una grossa et
honoreuole entrata: e il motto, ch'egli aggiunse all'Im=
presa, fu questo, ANTIPELARGIAM SERVA. Heb
be per sua peculiare Impresa il Signor Conte Battista da
Lodrone, che morì alla perdita di Casale in Monferrato,
un Tribolo col motto leggiadramente appropriato, IN=
VTRAQVE FORTVNA. mostrando, a mio giudicio,
il ualore & la costanza del nobilissimo animo suo: ilquale
in qual si uoglia caso di fortuna staua sempre saldo & di
ritto, si come il Tribolo anchora, ilquale gettisi comun=
que l'huom uuole, sta di continuo con una punta ritto uer
so il cielo. POM. Questo argomento conuenne proprio
a un caualiere honorato, come egli, ilquale faccia porses
sione di ualor d'armi. LO. La Impresa del Duca Fran=

cefco Sforza fecondo di Milano, ch'egli portaua dentro
alla corona Ducale, era un ramo di Palma, e un d'Oliua,
fenza motto alcuno. Credo che il fuggetto fia chiariſſimo
da fe ſteſſo, percioche luno ſignifica Vittoria & l'altro
Pace. Dopo la morte d'Alfonfo fecondo d'Aragona Rè
di Napoli, ilquale in quei tumulti & mouimenti di guer
ra, che gli moſſe Carlo Ottauo Re di Francia, era ſtato
coſtretto per fua difeſa & del proprio regno, uſare a=
ſprezza & rigore üerſo i ſuoi ſudditi, moleſtandogli con
grauiſſime eſattioni per far denari; ond'egli perciò n'era
incorſo nell'odio uniuerſale di tutti i popoli : i Napoleta
ni leuarono per Impreſa un Laccio rotto, con un motto
tolto dalla ſacra ſcrittura, LAQVEVS CONTRI=
TVS EST, ET NOS LIBERATI SVMVS: inten=
dendo, che per la morte del Re loro erano liberati dal=
l'aſpro giogo della ſeruitù. La Impreſa del S. Giouan Ia
copo de Medici, Marcheſe di Marignano, era una naue
nel mar turbato col motto pur della ſcrittura, CVSTO
DI DOMINE VIGILANTES. Et ſenza dubbio que
ſta pia & deuota ſentenza fu molto apropriata al uigi=
lantiſſimo animo di lui. Che ſe mai fu perſona ſuegliata
& deſta nell'eſſercitio dell'armi, e in tutte le ſue attioni,
tale ſenza dubbio è ſtato a ſuoi giorni il Signor Marche
ſe di Marignano: ilquale non ſolamente di priuato & po
uero gentilhuomo è aſceſo a grado di Principe et di gene
rale di eſerciti col mezzo della ſua uirtù & col mirabile
aiuto & fauore della fortuna; ma con la ſua diligenza
& uigilanza è riuſcito uittorioſo nelle giornate, & glo=
rioſo in tutte le ſue impreſe: lequali ſono freſchiſſime &
chiare

chiare a tutto'l mondo. Et oltra la forte, che di continuo
l'ha accompagnato in uita, è morto feliciſsimo anchora.
Perche non come molti altri capitani di guerra ſtati in=
nanzi a lui, ha finito i ſuoi giorni in diſgratia del ſuo Si
gnore, ma s'è partito dal mondo nel colmo de fauori
& della ſua grandezza, laſciando di ſe grandiſsimo deſi
derio. Ma tornando al mio propoſito, non ſoli i Princi
pi e huomini di guerra portano Impreſe, per eſprimere
i concetti de glianimi loro, ma i prelati & ſignori Eccle
ſiaſtici anchora hanno gia fatto, & tuttauia fanno il me
deſimo:ſi come gia fece il Cardinal uecchio di Trento, il
quale portaua per Impreſa un faſcio d'haſticciuole o ue=
ro di legne, col motto V N I T A S, laquale inuentione è
per ſe manifeſta & chiara Porta anchora hoggi una ua
ga & belliſsima Impreſa il ſucceſſor ſuo, & Cardinal di
Trento l'Illuſtriſsimo Mons. Chriſtoforo Madruccio, la
quale Impreſa è la Fenice in fuoco, col motto, P E R I T
V T V I V A T, degno ſuggetto e argomento del ſuo cor
teſiſſimo animo. A R. Truouaſi hoggidì tanto celebra
to e illuſtrato queſto rariſsimo, anzi unico uccello da tut
ti i piu nobili intelletti del ſecol noſtro, in gratia dell'ho
norato M.Gabriel Giolito,benemerito d'ogni ſpirito gen
tile, e amator di uirtù; che doue prima egli era ſolo in
tutto'l mondo, hora ſe ne uedranno infiniti altri,con ma
rauiglia della natura, che lo generò ſenza compagno.
L o. Il Cardinal d'Auguſta Mons. Otto Truchſes nobi
liſsimo barone porta anch'egli una honorata Impreſa,che
è il Pelicano:il motto liberamente confeſſo di non ſaper=
lo, per non hauerlo ueduto, ne udito: ma ſi dee credere,

G

che debba essere ingegnoso, & conueniente al suo sottilis=
simo intelletto. L'intentione di così uirtuoso & ottimo
Prelato credo, che sia questa; ch'essendo la natura del Pe=
licano tanto pietosa, & amoreuole uerso i suoi figliuoli,
che trouandogli morti da fiera, o d'alcun'altro uccello,
col becco s'apre il proprio petto, & spruzzandogli del
suo sangue, gli ritorna in uita; esso ha uoluto mostrare
anchora, che tale è l'amore & la carità di lui uerso i suoi
figliuoli spirituali commessi al gouerno di lui, che per
saluezza loro uolontariamente spenderebbe la propria
uita. Santissimo in uero, & pio proponimento di pasto=
re & prelato portò il S. Gasparo dal Maino Caualiere
Milanese per impresa un Ramarro, che haueua un Dia=
mante in bocca: perche sì come la natura di questo anima=
le è di non lasciar mai cosa che prenda, così uoleua egli
inferire, che non haurebbe mai posto fine di amar la don
na a cui seruiua, chiamata Diamante: il motto era I N
AETERNVM. Ha questo Ramarro molte proprietà, &
fra l'altre n'ha una rarissima, & degna di marauiglia fra
glinfiniti & mirabili effetti di natura; & questa è, che
egli non ua in amore, come fa ciascuno altro animale.
Onde il S. Federigo Duca di Mantoua trasse gia una sua
argutissima Impresa, che fu il Ramarro, col motto.
QVOD HVIC DEEST, ME TORQVET: Et cio era l'a=
more della sua Donna, che lo tormentaua; delquale amore
quell'animale era priuo. Il S. Conte Mauritio Pietra, ho=
ra dignissimo Vescouo di Vigeuano, essendo a studio a
Siena, & nell'Academia de gli Suegliati, prese per sopra
nome il Disarmato, percioche essendo egli al soldo, si di=

farmò, et ſi riuolſe a gli ſtudi delle lettere, eſſendo ſtato e
letto alla dignità del Veſcouato ; & portò per Impreſa
una Chiocciola , ò uogliam dir Lumaca , laquale hauea
meſſo il capo fuor del guſcio , & coſi era ſtata ferita da
una freccia ; il motto ſuo fu il uerſo del Petrarcha ;
TROVOMMI AMOR DEL TVTTO DISARMATO:
alludendo in quel modo al ſuo cognome, e ancho all'impre
ſa dell'Academia, laquale era ſimilmente una Chiocciola
poſta ſopra le fiamme , che ſentendo il calor del fuoco
ſtrideua . Onde quei gentiliſſimi ſpiriti , & tutti ſerui
d'Amore , uoleuano inferire , che per eſſere eglino arſi
dalle fiamme amoroſe , erano coſtretti cantare , & coſi
sfogare in uerſi e in rime le loro ſoauiſſime paſſioni . Il
motto loro era un uerſo, pur del Petrarcha , ilquale m'è
uſcito di mente. Il preſidente di Milano, il S. Pietro Paolo Arrigone, dottore eccellentiſſimo & integerrimo, hauendo preſo nobiliſſima & ualoroſa moglie le fa portare
per Impreſa una Chiocciola chiuſa & coperta , ſi come
elle ſogliono ſtare tutto il uerno , per ripararſi dal freddo . Il motto ſuo è, PROPRIO ALITVR SVCCO.
POM. Siate contento , ui prego , M. Lodouico , di uolere uſcire homai di Chiocciole & di Lumache; che a dirui il uero, a me non pare ch'elle habbiano gran fatto bella apparenza; non gia che l'Impreſe non ſiano ingegnoſe
& argute, ma elle non empiono gliocchi : come pare che
ſi ricerchi all'Impreſa. LO. Io ſo, che uoi cercate, ch'io
ui ragioni di qualche coſa ſtrauagante & piaceuole; però per farui un frameſſo di materie ridicole & ſcioc-
che,ui dico , ch'io mi ricordo d'hauer gia ueduto de gen-

tili huomini, che per altro eran perſone garbate & de=
gne d'honore, iquali uolendo eſprimere i concetti loro,
faceuano di goffiſſime inuentioni:tanto che mi parrebbe
di far loro graue ingiuria, quando io gli nominaſſi. Pe=
rò mi contenterò di dirui l'inuentione ſola. Vno ne fu
dunque tra glialtri, che uolendo sforzarſi portar il no=
me della ſua Donna coperto, laquale ſi chiamaua Cathe=
rina, dipinſe una Catena ſpezzata in due parti, & nel
mezzo un Re di denari delle carte, che s'uſano per giuo
care facendo che quella figura di Re ſi intendeſſe per Ri,
come ſi dice in lingua Bologneſe. E in queſto modo uole
ua inferire, che la ſua S.Catherina ualeua ogni denaio.
A r. Io non ſo, ſe ſi poteſſe imaginare piu ſciocco tro=
uato di queſto, ne piu degno di riſo. L o. Adagio,
M. Arnoldo, che c'è aſſai meglio. Vdite queſta, & poi
ridete. Vn'altro gentilhuomo uolendo portare il nome
di Giouannella, dipinſe un Giogo, & due annella, &
perch'egli era Lombardo, non diceua Giogo,ma Giouo:
& coſi uoleua, che queſta ſua ingegnoſa Cifra,o troua=
mento, moſtraſſe coperto il nome della ſua Signora Gio
uannella. Or non ui pare, che queſta di gran lunga uin
ca la prima? A r. Parmi che queſto gentilhuomo faceſ=
ſe una inuentione giouanile, anzi che no. L o. State
pure a udir queſta, che non le cede di nulla. Fu non ſo
chi, che uolendo portare il nome di Barbara coperto,
non fu punto piu ſottile ne piu ingegnoſo o inuentore de
glialtri due, ch'io u'ho contati. Anzi, ſe uantaggio al=
cun u'hebbe in gofferia,l'hebbe egli. Portò dunque queſto
caualiere per ſua Impreſa una bella è attilata barba d'huo

mo, è una mezza Rana; che uoleua a ſuo modo dire Bar
ba Ra: mettendo quella mezza Rana, per Ra. P o m. era
piu breue, a mio giudicio, & piu degno di lui, ch'egli
haueſſe fatto una Barba mezza raſa; & l'impreſa fareb
be ſtata tutta d'un pezzo. A r. Laſciate di gratia da
parte ſimili ſciocchezze, lequali non meritano, che ſe ne
fauelli; & ragionateci piu toſto di qualche honorata per
ſona, che habbia moſtro giudicio & ualore. L o. Di
queſto non poſſo mancare, & tanti mi ſi parano a un tem
po inanzi; ch'io non ſo da quale io debba cominciar pri
ma. Et non uorrei far diſtintione di gradi & di perſone.
Però ſenza ſeruare altriméti ordine di tempi ne di meri
ti, dirò quel che mi uerrà prima a mente. Fra le molte
Impreſe, che ha fatte & porta il S. Duca Coſmo, ſi come
ſono il Capricorno, la Tartaruga con la Vela, e'l Falco=
ne col Diamante, una ue n'ha anchora di belliſſimo artĕ
ficio & ſenſo, & queſta è le due Anchore attrauerſate
inſieme, col motto, D v a b v s. A r. Et quale in=
tentione credete uoi che foſſe quella di ſua Eccellentia in
queſta Impreſa? L o. Io non ſo, ſe ſarà preſuntione a
uoler mettermi a indouinare, e a penetrare ne glialtiſſi=
mi concetti de Principi; pur con queſto propoſito di non
ſaper nulla di certo, ui dico, che a mio giudicio egli ha
uoluto moſtrare, che egli ha fermato il feliciſſimo ſuo
ſtato con due appoggi; talche ragioneuolmente non ha
da temer di nulla. Iquali due appoggi & ſoſtegni, s'io
non m'inganno, poſſono eſſere, l'uno la gratia & fauore
dell' Inuittiſſimo Imperadore Carlo Quinto, L'altro la ſi
curezza delle fortezze ineſpugnabili del ſuo Dominio.

Pom. *Potrebbono anchora le due anchore significare,* *l'una la gratia et amor de' popoli, l'altra il timor di Dio:* *che amendue sono grandißimi in lui, ilquale è non meno* *amato & ubidito da' suoi sudditi, di quello ch'egli teme* *Dio.* A r. *Le rare qualità di questo Ottimo & fortu=* *natißimo Signore ricercano altro luogo & tempo. Però* *tornate al uostro proposito.* L o. *Io ho conosciuto fra* *molte ualorose & honorate gentildonne in Pauia la nobi* *lißima & uirtuosißima S. Alda Torella, laquale per mo=* *strare la inuitta costanza dell'animo suo pudico, portaua* *per Impresa una Vite appoggiata a un'Olmo: uolendo* *per cio far conoscere, com'ella ha meritamente fondato* *tutti i suoi pensieri sopra il uolere del Consorte, & Si=* *gnor suo, & posta tutta la sua fede in lui. Il motto con=* *ueniente a sì lodeuole Impresa, è questo;* Q v i e s c i t* *v i t i s i n v l m o.* A r. *Questo m'ha fatto ricorda=* *re una Impresa dell'Alciato ne' suoi Emblemi, laquale è* *una Vite fresca & uiua abbracciata sopra un'Olmo sec=* *co, con un motto,* A m i c i t i a p o s t m o r t e m* *d v r a t v r a; ilche si potrebbe appropriare a Donna* *ualorosa & pudica, laquale sì come in uita ha di conti=* *nuo amato, & mantenuta fede al marito, così l'ama &* *honora ancho dopo morte, con fermo proponimento di* *non douersi mai piu scordar di lui, & della fede pro=* *meßagli. L'Impresa del S. Carlo Orsino, che morì, pochi* *mesi sono, nella perdita di Foiano in Valdichiana, alcuni* *giorni prima; che si facesse la giornata di Marciano, do=* *ne il S. Pietro Strozzi rimase rotto & fracassato insie=* *me con l'esercito Fr̄acese dal Marchese di Marignano; era* un Pallone da uento, percoſſo & mandato in aria da un ualoroſo & gagliardo braccio col bracciale di legno, il motto PERCVSSVS ELEVOR: ilqual motto, ſi come conueniua alla Palla percoſſa, coſi ſi poteua accomodare all'animo ſuo franco & inuitto, ilquale quanto era piu trauagliato & battuto da colpi di Fortuna, tanto maggiormente s'alzaua da terra, & pigliaua maggior forza. Poteuaſi intendere anchora, ch'egli haueſſe uoluto accennare alle Palle; arme peculiar di caſa de' Medici, & del Duca Coſmo ſuo Signore; il cui ſtato quanto maggior buraſca & trauaglio ha hauuto da' ſuoi potentiſſimi nimici, tanto piu è ito ogn'hora creſcendo & auanzando in riputatione e in grandezza. POM. Queſto ſecondo intelletto aſſai piu mi piace. LO. Io ho ueduto anchora l'Impreſa del Sig. Don Diego Hurtado di Mendozza, di quello che gouernaua Siena al tempo ch'ella ſi ribello all'Imperadore, & s'accoſtò a Francia, laquale è una Stella ſenz'altro, col motto Spagnuolo BVENA GVIA, alludendo forſe alla ſtella, che guidò i tre Magi, ò uero uolendo inferire che tutte l'opere e attioni humane hanno buon fine, ogni uolta ch'elle pigliano per guida il conſenſo & uoler diuino. POM. Io mi marauiglio molto, come queſti Signori Spagnuoli tutti, o la maggior parte uſino di fare i motti delle loro Impreſe nella propria lingua. LO. E' non ſi puo negar certo, che la lingua Spagnuola non ſia belliſſima & uaga, quanto alcuna altra, maſſimamente la Caſtigliana; & ch'ella non ſia capace di tutti quegli ornamenti, che ha ſeco la Latina, & la Toſcana; & beniſſimo fanno a ſeruirſene quei pellegri

ni & acuti ingegni:ma non lodo gia questa loro usanza,
perche il piu de glialtri,che fanno Imprese , usano farla
in lingua differente dalla lor propria: & questa usanza
è ita hoggimai tanto innanzi, ch'ella ha presa forza d'in
uiolabil legge . Ma lasciamo ir gli Spagnuoli , & fauel=
liamo de' nostri Italiani , tra iquali uno è de glihonorati
& uirtuosi gentilhuomini, quanto alcuno altro ch'io hab
bia conosciuto è praticato a miei giorni, il S. Alessandro
Piccolomini ; ilquale mi ricorda d'hauer ueduto usar per
Impresa un lauro folminato dal cielo stellato & sereno ,
contra la proprietà datagli da coloro che n'hanno scrit=
to ; e il motto suo, anchora che un poco lunghetto,erano
questi due uersi Toscani:

SOTTO LA FE DEL CIELO,A L'AER CHIARO
TEMPO NON MI PAREA DA FAR RIPARO.

ARNOL.Ecco questo diuinissimo ingegno haurebbe
anch'egli errato , secondo il rigore della uostra rego=
la , nell'hauer fatto il motto della sua Impresa Tosca=
no.   LO.   Io non ho fatto queste regole , ne fuor
che il Giouio e il Ruscello dopo lui trouo alcuno altro ,
che n'habbia scritto, & dato precetti . Pero essendo egli
huomo di tanta auttorità, & stato il primo a scriuerne,
ragioneuolmente se gli puo & debbe dar fede ; conside=
rando ancho oltra di cio l'uso commune; ilquale,si come
dicono i nostri legisti , ha forza di legge . POM. Ma
però a queste regole et leggi si deurebbe anco dare qual
che eccettione et fallentia,et dispensare talhora co' galan
t'huomini & co' litterati, habilitandogli a potere alcu=
na uolta uscir dell'ordinario, come persone priuilegiate.

L o. Non farà in tutto fuor di propofito , al meno per
M. Arnoldo, ilquale non credo c'habbia letto gran fatto
libri nella noftra lingua Tofcana, ch'io racconti una Im
prefa, che io mi ricordo hauer letto nelle nouelle di Ma=
fuccio Salernitano ; laquale imprefa hebbe occafione in
quefto modo . Haueua un gentil giouane lungo tempo
amata & feruita una leggiadra & belliſſima donna, &
di tanto era ſtato loro benigno & cortefe amore, ch'eſſi
haueuano ueduto piu d'una uolta , & goduto i fiori &
frutti del loro feruentiſſimo amore,con gran fodisfattio=
ne & contento d'amendue le parti , le quali n'erano per
ciò feliciſſime & liete. Auuenne;che a quefta loro incom
parabil contentezza & gioia hebbe inuidia nemica For
tuna, laquale operò in modo, che hauendo il giouane ue
duta a non fo che fefta un'altra belliſſima fanciulla,ſi co=
me per lo piu fogliono eſſer gli huomini,& maſſimamen
te i giouani, uaghi di cofe nuoue, poftole gliocchi addof
fo ne inuaghi fieramente, che ne menaua fmanie . E in
quefto fuo nuouo amore, gli fu ſi fauoreuole il cielo,che
la giouane donna accortaſi del uagheggiar di coftui , &
piacendole la mercatantia, non indugiò molto a farlo de
gno della fua nuoua gratia . Et coſi breuemente eſſendo
d'accordo le parti,lietamente peruennero al defiato fine
d'amore . Ma perche gliamanti foglicno uedere e inten=
dere ogni cofa , & le piu uolte anchora riputare uere
quelle che falfe fono ; la donna di prima , che in quefto
cafo non prendeua errore alcuno , accortaſi d'eſſer ſtata
cacciata di feggio,ne uiuea maliſſimo contenta,& preſſo
che difperata. Perche come perfona & fauia & ualoro=

fa, non uolendo fcoprire il fuo dolore a ogniuno, fi rifol
fe fenza altrimenti fcriuergli di uolere fare a faper l'ani
mo fuo al giouane disleale & ingrato. Et cofi fatto lega
re in oro un Diamante falfo con ogni maeftria,fi che egli
haurebbe ageuolmente ingannato qual fi uoglia perfona,
che non foffe ftata dell'arte, gli fece fare dal lato di den=
tro, che tocca il dito, il motto, che diffe noftro Signore
Giefu Chrifto fu la Croce, cioe, L A M A Z A B A T A N I;
& poi con molte lagrime & fofpiri lo mandò a donare
a colui, che l'hauea abbandonata: ftrettamente pregan=
dolo, che uoleffe hauer pietà di lei, & renderle l'amor
fuo. Il giouane come che foffe perfona accorta e inten=
dente, & che di prima giunta intendeffe il fenfo del mot=
to Hebreo;non però fu capace dell'argutia & fottigliez=
za dell'Imprefa, fe non poi che hebbe moftrato l'anello a
un fuo amico orafo eccellente, ilquale gli fece conofcere,
come la gioia era falfa. Perche aprendogli fubito Amo=
re gliocchi dell'intelletto, egli s'auuide a un tratto della
querela, che la fua mifera donna gli faceua, & della
manifefta ingiuria, ch'egli hauea fatta, & tuttauia fa=
ceua a lei. Onde conobbe & comprefe il motto del Dia=
mante falfo, ilquale rifoluendofi in due parole infieme
con l'altro motto del Vangelio, ueniua a dire in quefto
modo;D I A M A N T E F A L S O ,P E R C H E M'H A I A B=
B A N D O N A T O? Però rauuedutofi dell'error fuo, &
moffo a compaffione della fuenturata donna, tornò a fer=
uirla come prima; & lungo tempo goderono infieme del
loro amore. P o m. Sono ftate a dì noftri,& hoggi an=
chora fono in piedi in Italia tante honorate Academie,

& raunanze d'huomini uirtuofi & litterati, che hauen=
do tutti belliſſimi concetti, ragioneuolmente debbono ha=
uer fatto acutiſſime impreſe: Ricordereſteuene uoi per
auuentura alcuna, che foſſe degna di memoria? Lo. Et
piu d'una me ne ſouuiene, & fra l'altre l'Academia de gli
Intronati in Siena, quando ella piu fioriua, fece l'Impre=
ſa ſua, che fu una Zucca da riporui il ſale, con due pe=
ſtelli dentro, e il motto ingegnoſo & arguto, MELIO
RA LATENT; uolendo per ciò inferire, che'l ſale,
cioè il ſenno, era ripoſto piu adentro. Fu poi queſta eccel
lentiſſima Impreſa contrafatta da alcuni emuli loro per
burla inſieme col motto: iquali in cambio di peſtelli figu=
rarono due membri uirili co teſticoli dentro nella Zucca,
e'l medeſimo motto, che ſeruiua loro del Meliora latent.
L'Impreſa de gli Academici Infiammati, di Padoua, del
laquale era ſtato capo & auttore l'anno MDXL. Monſi=
gnor Leone Orſino Veſcouo di Fregius, era Hercole, che
ardeua uolontariamente ſul monte Oeta, e il motto d'eſſa,
anchor che Toſcano, fu nondimeno bello & arguto, cioè;
ARSO IL MORTALE, AL CIEL N'ANDRA
L'ETERNO. uolendo moſtrare, che ogni ſpirto gentile
depoſta giu la ſpoglia terrena, andrà a godere i premi di
uita eterna. Queſto argomento d'Hercole m'ha fatto ſou
uenire d'un'altra uirtuoſiſſima Academia, che in quei me
deſimi tempi, o pochi anni dopo fiorì in Ferrara: nella=
quale Academia erano di molti eccellentiſſimi & rariſſi=
mi intelletti, ſi come fu, mentre e' uiſſe, M. Bartholomeo
Ferrino, allhora ſegretario dell'Ecc. S. Duca di Ferrara,
di cui ſi leggono alcune poche, ma dottiſſime fatiche, in

profa *&* uerfi Tofcani; *&* M. *Alberto Lollio*, ilquale è
hoggidi uno de piu rari *&* uirtuofi intelletti , c'habbia
Italia , e oltra cio cortefiſſimo *&* fingolar gentil'huomo
e altri aſſai gentili fimi ſpiriti degni d'ogni lode. Chiama
uaſi queſta Academia de Signori Eleuati, *&* portaua per
Impreſa una delle dodici fatiche d'Hercole, cio era la lot
ta di lui con Anteo : e il motto conueniente a tale Impre
ſa del uerſo d'Horatio , SVPERATA TELLVS SI-
DERA DONAT. Fu queſta ueramente molto lodata et
bella Impreſa, *&* quel uerſo d'Horatio le da la uita; oltra ch'ella fu anchora principalmente accommodata al S.
Duca Hercole Prncipe loro . Fu un'altra honoratiſſima
Academia queſti anni paſſati in Pauia , ſuſcitata dall'illu
ſtriſſimo S. Marcheſe di Peſcara , ilquale dopo la morte
del padre fi ritirò quiui con la S. Marcheſa del Vaſto ſua
madre per dar luogo al S. Don Ferrante Gonzaga nelle
ſtanze del palazzo di Milano . Preſe queſta Academia il
nome della Chiaue, *&* coſi portò per Impreſa una Chiaue d'oro col motto ſuo CLAVDITVR APERITVR
QVE LIBERIS. Et cio fu inuentione del Dottiſſimo
Contile. Erano in queſta Academia tutti ſignori, *&* per
ſonaggi, illuſtri, *&* ciaſcun di loro portaua una chiaui-
cina d'oro al collo, come per contraſegno della loro inge
nua compagnia : *&* da loro fertiliſſimi ingegni fi uedea
naſcere ogni di qualche ſingolare *&* pregiato frutto. Heb
be Milano anch'egli queſti anni adietro un'altra Academia di nobiliſſime *&* uirtuoſiſſime perſone , delle quali
fu ſempre, *&* hoggi è piu che mai infinito numero in
quella grandiſſima citta ; per uerificarſi apieno il uerſo

l'Ausonio Gallo, Et Mediolani mira omnia, copia re=
um. Chiamauansi questi gentili huomini i Trasformati,
& portauano per Impresa un Platano, con un motto, il
quale, se ben mi ricorda, è uerso di Vergilio; & dice;
ET STERILES PLATANI MALOS GESSERE,
VALENTES. Hora prima ch'io esca delle Academie,
non posso passare con silentio un'altra Academia laquale
piu per burla, che per altro fine fu ordinata in Piacenza,
l'anno MDXLIII da alcuni suegliati intelletti; laqua=
le Academia era posta sotto la tutela & protettione del
Dio de gli Horti, & per ciò gli Academici si chiamaua
no in publico gli Hortolani, & in priuato poi haueuano
altro nome. Vsauano per Impresa & per suggello della
loro raunanza la falce di Priapo, per non fauellare piu
scoperto con essouoi, che intendete. Il motto era Tosca
no, SE L'HVMOR NON VIEN MENO. Et ben=
che, come io ho detto, questa Academia fosse ordinata
per giuoco & per riso da giouani huomini & lieti, spen
deuaisi nondimeno il tempo molto honoratamente, &
con grandissimo profitto di chi ui usaua. Percioche ui
si leggeua Filosofia, Loica, Rhetorica, Poesia Latina,
& Toscana; & uedeuansi spesso comparire dottissime
compositioni nell'una & l'altra lingua. Dintorno a que
sto tempo, o poco prima, o poco poi fu un'altra Acade
mia in Bologna, città, come uoi sapete, madre di tutte
le scienze & di tutti gli studi, & dotata d'infiniti bellis=
simi ingegni; laquale Academia si chiamaua de Sonnac=
chiosi: & era la loro impresa uno Orso, ilquale anima
le, secondo che scriue Plinio, Aristotele, & altri, dor=

me sei mesi continui dell'anno. Il motto era un uerso To=
scano, che diceua, SPERO AVANZAR CON LA
VIGILIA IL SONNO; quasi che uolessero dire, che
doue forse prima erano stati neghittosi & infingardi al=
l'opere di gloria & di uirtù, si sarebbono sforzati con
lo studio racquistare il tempo perduto. A R. Ma doue
lasciate uoi i Signori Academici Fiorentini; non hanno
anch'eglino alcuna bella & horreuole Impresa, essendo
essi maestri & principi della lingua Toscana, & singo=
lari iu tutte le scienze? L O. Io non potrei dir tanto de'
meriti loro, ch'essi di molto piu non fossero degni. però
quanto all'Impresa loro, dico, ch'ella è il fiume d'Arno
in figura humana, con due piante, l'una d'alloro, & l'al=
tra d'oliua, senza altro motto. Onde di loro direbbe il
Giouio, che hanno fatto un corpo senza anima. Et per
mostrar meglio la singolarità, & grandezza loro, han=
no uoluto chiamarsi Academici Fiorentini, senza altro
cognome, come comunemente s'usa per gli altri. Ora
essendo io uscito dell'Academie, entrerò a ragionare del=
le persone particolari, & massimamente di quelle, c'han
no fior d'intelletto, & perfettione di giudicio; si come
è fra glialtri, anzi piu di molti altri caualieri, e huomi=
ni di grado, il S. Conte Clemente Pietra, dotato di tutte
quelle uirtuose conditioni, che desiderar si possano in Ca
pitano, e huomo di guerra. Questo ualoroso gentilhuo=
mo ha portato a' suoi giorni diuerse belliss me Imprese,
secondo la qualità de' soggetti, ch'egli ha hauuti differen
ti alle mani. Et fra l'altre essendo egli innamorato d'una
gentildonna Bolognese, donna di singolar bellezza, &

li molto ualore; & essendo sforzato partir da lei, portò
per Impresa uno Elefante, ilquale sapendo di non esser
perseguitato da cacciatori, senon per cagione de suoi den
ti, iquali sono di mirabil uirtù, gli battè contra uno al=
bero, & se egli fa cadere. Il motto dice con questo uer=
so del Petrarcha; LASCIAI DI ME LA MIGLIOR
PARTE ADIETRO. Il soggetto è per se stesso assai chia
ro, a chi sa la proprietà dell'animale. Vn'altra ne fece
egli, essendo pure innamorato d'una gentildonna, chiama
ta Laura. Et cio fu il Coruo, che combatte col Came=
leonte; ilquale essendo ferito e auuelenato dal suo nimico,
& conoscendo che quella ferita lo condurrebbe a morte,
per medicarsi piglia in bocca, & mangia i frutti del Lau
ro. Il motto diceua HINC SOLA SALVS. Volen=
do perciò dimostrare, ch'alle sue piaghe amorose non ha
ueua altra medicina, che Laura. Vn'altra Impresa portò
il medesimo S. Conte Clemente in materia d'armi & d'ho
nore; degna del suo magnanimo & generoso core: & cio
fu essendo egli Capitan di caualli in Piemonte, doue leuò
per Impresa una Aquila, laquale uolaua tanto alto incon
tra il Sole, che s'abbruciaua le penne col motto, AV=
DE ALIQVID DIGNVM. La quarta Impresa di que
sto ualoroso Signore, fu giudicata molto bella & giudi=
tiosa da ogniuno, che la uide, quando egli andaua per
condursi a combattere in isteccato: & questa Impresa fu
una spada ignuda; col motto, EX HOC IN HOC: di=
mostrando, com'egli era per far fede della sua giusta cau
sa, & della ragione, ch'egli haueua contra il nimico, con
la spada. Laqual ragione particolarmente anchora suole

*essere il piu delle uolte fauorita et difesa da Dio. La quin
ta Impresa di questo cortesissimo gentilhuomo. ma oime,
ch'io non m'accorgeua, che col ragionar tanto d'un solo,
torrei il capo, come si dice, a una pescaia.* P o m. *Noi
non curiamo gran fatto, che uoi ci ragionate d'un solo,
ò di molti, pur che uariate l'imprese.* L o. *Se cosi è,
come dite, non crederò, che uoi crediate, ch'io lodi que
sto honorato caualiere per l'amicitia, ch'è tra noi; ma se
guiterò a dirui due ò tre altre delle sue. L'una dellequali
fu, quando egli uenne alla guerra di Siena, ch'egli por
tò nella bandiera per Impresa uno uccello chiamato Seleu
cide, ilquale fu dato da Dio a gli habitatori del monte
Cassino, per distruggere le locuste, che mangiauano lo=
ro tutte le biade. Non si sa doue questo uccello si stia, ne
donde e' uenga; ma comparendo le Locuste, comparisce
anchora egli a diuorarle, e a spegnerle. E il motto, che
egli portaua sotto a questo animale, era* L o c o e t
t e m p o r e. *Credo, che l'animo suo fosse di uoler mo=
strare, che anchora che a tempo di pace esso non istia mai
fermo, girando sempre in diuerse parti; sempre però si
truoua in difesa del suo signore, con l'armi in mano, quan
do bisogna cacciare i suoi nimici. Come ueramente egli
ha mostro in questa guerra, che s'è portato di maniera
in tutti i luoghi, doue si è combattuto, cosi con l'ingegno
dell'animo, come con la forza & ualor del corpo, che
oltre a diuersi honori che n'ha acquistato, ne ha merita
to anchora grado di Mastro generale di tutto l'esercito.
Doue mutando honore, ha uoluto ancho mutare Impre
sa: laquale non uoglio dire, per non uenirui a noia, di=*
                                    morando

norando tanto sopra un particolare. P o m. E di gra=
tia non ci mancate di dircela; perche, come gia u'hab=
biamo detto, noi non ci curiamo molto della uarietà de
signori, c'hanno portate l'Imprese, ma si bene della di=
uersità di quelle, et maßimamente di queste di questo ca=
ualliere; lequali, a mio giudicio, mi pare c'habbino tutte
le parti, che da Mons. Giouio son dette. L o. Certo, M.
Pompeo, se uoi conosceste questo Signore, ne haureste
grandißima sodisfattione. Et io ue ne parlerei piu libera=
mente, se non ch'io temo, per essergli io quello amico &
seruidore, ch'io gli sono, di esser tenuto adulatore. P o m.
No, no, dite pur sicuramēte, che gia l'ho io sentito ricor
dare altre uolte, & non solo per le cose di guerra, nelle
quali è in buonißima riputatione, ma anchora per essere
egli molto uniuersale, così di lettere, come d'altre hone=
ste operationi. Ma di gratia diteci quest'altra Impresa.
L o. Hora ue la dico, & ui prometto, ch'ella mi sodis=
fa infinitamente. Fu dunque l'Impresa il Pettine, ilquale
è della generatione de Granchi; & ha questa proprietà,
che ha una branca, che riluce: & poi mangiato risplen
de in bocca di chi lo mangia. E il motto diceua O P E R V M
G L O R I A. P o m. Questa è ueramente bella e artifi=
ciosa Impresa, & gia ho io capito il suo senso, senza che
me ne diciate altro. Egli uoleua significare con questa Im
presa, che coloro, iquali adoperauano la branca lucida,
cioè il braccio ualorosamente contra i nimici, necessaria=
mente hanno a rilucere in bocca de gli huomini, cioè esser
lodati, & riportarne gloria & honore. L o. Senza
dubbio uoi lhauete intesa benißimo; & u'assicuro, che

H

i fatti in questo gentilhuomo sono stati eguali alla giudi=
ciosa Impresa. Et queste sei Imprese parte militari, et
parte amorose, sono inuention propria del suo fertile et
prontissimo ingegno: ilquale oltra i doni della Fortuna,
et delle doti dell'animo et del corpo, di cui il cielo l'ha
arricchito, s'è sempre ingegnato d'accompagnare le lette
re con l'armi: di maniera, che non solamente sa fare cose
degne d'essere scritte, ma sa scriuere anchora cose, lequa=
li meritano d'esser lette. A R. Io non uorrei, che uoi pen
saste d'hauer sì tosto fatto punto fermo al uostro ragio=
namento, perche non è pericolo, che ci ponghiate a noia;
così piaceuole materia è quella, di cui uoi ragionate.
L O. Anzi io temeua d'hauere presso che fastidito uoi,
et M. Pompeo: ma poiche mi liberate dal biasimo di ma
la creanza, con buona gratia uostra seguirò alcune al=
tre poche inuentioni, che tuttauia ragionando mi uengo
no a mente. Dico dunque, che il S. Giouan Battista Bot=
tigella gentilhuomo molto honorato et cortese, uolendo
esprimere un suo concetto amoroso, portò gia per Impre
sa una Naue, che uada a piene uele, con l'Echino, ò Re
mora, che si chiami, appiccato: ilquale pesciolino, secon=
do che racconta Plinio, è di tanta forza, che appiccan=
dosi al nauilio lo ferma et ritiene in modo, che non si
puo muouere per furia di uenti, ne per alcuna altra for
za. Il motto suo diceua SIC FRVSTRA: mostrando,
che non gli giouaua nulla con la sua Donna esser fedele
et costante, perche ella se gli mostraua sempre piu indu
rata et crudele. Vn'altra Impresa anchora portò in ge=
nerale la nobilissima sua famiglia, laquale non è se non

bella: & queste è un collare da cane sciolto, col motto in lingua Francese S A N S   L I A M E : ma non saprei gia dire, a che fine l'hauesse trouata. P o m. E' possibile, che non diciate nulla del S. Saluestro Bottigella, ch'è così raro ingegno, & tanto uostro amico? L o. Io mi riputerei a discortesia, scordarmi della uirtù & gentilezza sua: però uoi intenderete, come io ho ueduto molte belle anime sue senza corpo, ma poiche noi siamo sopra la seuerità delle regole, non mi ricordo d'alcuna, ch'egli n'habbia fatto compiuta. Vna dellequali fu E x   i m b r e   p v l= v e r e m. N'ho poi ueduto infinite altre sue tutte belle in questo genere. Nondimeno parmi quasi impossibile, che egli non n'habbia fatta alcuna bellissima & perfetta, essendo il suo erudito intelletto atto a fare ogni gran cosa. Io conobbi prima in Ancona, & dipoi in Vrbino un gentilissimo & uirtuosissimo signore, ilqual merita ogni lode & honore, litterato, cortese, e amoreuole molto ; a cui son grandemente tenuto per li molti benifici & fauori da lui riceuuti. Questo si chiama il Conte Antonio da Landriano. Dilettasi di tutte le gentilezze del mondo, & è dotato di singolar giudicio: & per dirlo in somma, è uniuersale, & galant'huomo. Ho ueduto una sua bella Impresa, laquale è una Aquila, che fa il nido suo sulla Quercia, col motto Latino R e q v i e s   t v t i s s i m a & ciò giudiciosamente ha fatto, per essere egli genero dell'Eccellentissimo S. Duca d'Vrbino : assomigliando se stesso a l'Aquila, ch'è l'arme sua, & la Quercia al Signor suo suocero : quasi che perciò uoglia inferire d'ha= uere fondato tutte le speranze & disegni suoi nella pro=

tettione di quel cortefißimo Signore. Et ragioneuolmen=
te l'Aquila, ch'è uccello di Gioue, s'è pofta a nidificare
fulla Quercia, ch'è albero fuo ancora Ricordomi d'ha=
uere ueduto una Imprefa d'un gentilhuomo Milanefe, che
fi chiamaua Hippolito Girami, ilquale hebbe piu uolte
grado, & titolo honorato alla militia, & particolarmen
te alla guerra di Siena in feruitio di fua Maefta Cefarea.
Laquale imprefa, fu una fpada con un Serpe auuolto in=
torno, ilqual Serpe hauea una ghirlanda d'alloro in boc=
ca, con un motto, che diceua; HIS DVCIBVS. AR.
Quefta Imprefa ha bellißima uifta, & uerifimilmente
deurebbe anchora generofo concetto. LO. Cofi è uera=
mente, come uoi dite: perche, fecondo ch'io poffo far
congiettura, la fpada è interpretata in quefto luogo per
la fortezza & ualore del corpo; e il Serpe per la pru=
dentia, & uirtù dell'animo. Doue uoleua inferire, che
con quefte due guide difegnaua d'aggiugnere alla coro=
na trionfale dell'alloro. Et fenza dubbio era in uia, per
douer tofto arriuarui, fe morte importuna non fe gli fof=
fe interpofta, laquale troppo innanzi tempo lo leuò del
mondo. Fu quefta Imprefa inuentione del mio S. Conte
Clemente Pietra, ilquale fi come molto l'amaua in uita,
cofi anchora grandemète lhonorò dopo morte. Sogliono
glihuomini litterati anchora far delle Imprefe, maßima=
mente ne rouefci delle medaglie, per efprimere i concetti
de glianimi loro; de quali ne ricorderò alcuni pochi, che
io mi ricordo hauer uifto. Si come è l'Eccellentiß. Dot=
tore di leggi, & mio honoratißimo amico, M. Gio. Bat=
tifta Pizzoni Anconitano, ilquale oltra alla principal

sua professione,ch'è delle leggi, nella quale egli è singolare, & raro, e inuiolabile esecutore della ragione &
del giusto;ha grandissima cognitione anchora delle buone lettere Latine & Toscane,et sopra tutto è leggiadris-
simo dicitore in rima,come si puo uedere per molti suoi
uaghissimi componimenti ; & molto meglio si uedrebbe
è la grauità de magistrati, & le infinite occupationi de
giudici,non lo togliessero cosi spesso & tutto alle Muse.
Ha fatto questo gentilhuomo per Impresa nel rouescio di
una sua medaglia un Nauiglio in mare trauagliato dalla
fortuna, che cerca di pigliar porto ; e una Gru,che ha
il capo tra le nuuole, col motto VLTRA NVBILA.
Il nauiglio credo,che significhi la uita humana,di continuo trauagliata nel mare di questo mondo,laquale aspi-
ra al fine di ricouerarsi in porto di salute. La Gru,che
ha il capo fra le nuuole,è l'altezza del suo nobil pensiero
che s'alza alle cose del cielo. M. Bartholomeo Gottifre-
di Piacentino,è uno de piu cari,& piu fedeli amici,ch'io
abbia,litterato,uirtuoso,& gentile, et di gratissima &
dolce conuersatione:ilquale essendogli calculata & giudicata la natiuità sua da peritissimi astrologi, che lo mi-
acciauano di morte subita & uiolenta, come huomo
intrepido & risoluto, per uoler mostrare la franchezza del cor suo, ha tolto per Impresa il nodo Gordiano, con la spada: il motto, NIHIL INTEREST
QVOMODO SOLVATVR. Il soggetto è chiarissimo
a chi ha,come uoi, cognitione dell'historie, & massimamente a chi ha letto Quinto Curtio della uita d'Alessandro Magno. POM. Questa mi pare una delle piu belle,

*& meglio accommodate Imprese,che ci habbiate raccon
te. L o. Coſi giudico anchora io , ma non me ne mara=
uiglio punto , conoſcendo beniſsimo,quanto egli é d'acu
to & ſuegliato intelletto. Io conobbi il primo anno, che
io uenni a Fiorenza , un dottiſſimo huomo, & di gran=
diſsima eſperienza delle coſe del mondo, che fu M.Fran
ceſco Campana ; ilquale per eſſere egli litterato & uir=
tuoſo , amaua & fauoriua grandemente i ſuoi pari. Co=
ſtui , douendoſi dar principio a ſtampare i libri rari &
eſquiſiti della libreria de Medici in S.Lorenzo.fece fare
una Impreſa per metterla in fronte de libri; laquale era
un Leggio con una Lucerna , & molti libre ſopra , &
d'intorno,parte chiuſi,& parte aperti,con queſto motto
Greco. ΚΑΜΑΤΟΣ ΕΥΚΑΜΑΤΟΣ. Ilqual
motto ſuona in noſtra lingua,come ſarebbe a dire,fatica
ſenza fatica.Perche anchorche lo ſtudio delle lettere ſia
molto laborioſo,é però tanto il diletto , che ſe ne trahe,
che cio non par fatica a chi io fa uolentieri.Io non farò
gran conto di mettere un Signore,e huomo di guerra do
po queſti litterati , maſsimamente hauendo io promeſſo
fin dal principio del mio ragionamento,di non uolere ſer
uare ordine alcuno.Dico adunque,ch'io mi ricordo hauer
gia udito dire , come il S.Giouanni de Medici, al tempo
ch'egli era molto giouane in Reggio di Lombardia,ſi co
me tutto di auuiene a gli animi nobili & gentili , fiera=
mente s'innamorò d'una belliſsima & nobiliſsima donna.
Et come quello,che conoſcua beniſsimo ſe medeſimo,&
la natural terribilità & fierezza del cor ſuo,quaſi ma=
rauigliandoſi di ſe ſteſſo,che di coſi inuitto capitano &*

seruo di Marte, come egli era, si fosse ridotto a esser sug
getto di Donna, & d'Amore; prese un motto solo sen=
za altro per Impresa, ilqual motto in atto di marauiglia
diceua, ET CHE NON PVOTE AMORE? Et ben
si puo comportare in un capitano, & che non faccia pro
fessione di lettere, come egli non faceua, non solamente
ch'egli pigliasse per Impresa un motto solo, ma anchora
che lo facesse uolgare: percioche egli è da credere, che lo
trouasse da se senza consiglio e aiuto d'huomini scientia=
ti. AR. Era questo signore huomo libero & schietto,
e auezzo tra soldati, però uoleua essere inteso senza com
menti. LO. La purità dell'Impresa del S. Giouanni, &
Reggio m'ha fatto souuenire dell'Impresa d'un garbato
gentilhuomo Reggiano; ilquale uolendo mostrare, come
tutti gli huomini per prudenti & uirtuosi che siano, in
uita loro fanno qualche leggierezza & pazzia, fece
una sua medaglia, con questo motto, senza altra figura;
OMNIS HOMO CVRRIT. Hauea nome questo gen=
tilhuomo M. Gasparo Adouardo. POM. A me pare,
ch'egli dicesse il uero, & che non si potesse opporre a
questa sua sentenza; perche, come uolgarmente si dice,
ogni huomo ha qualche difetto. LO. Io m'era scorda=
to di dirui di due belle Imprese del S. Duca Cosmo for=
mate amendue del mio carissimo amico, & Eccellentissi=
mo artefice, & Mastro di zecca di sua Eccellenza, Do=
menico Poggini; l'una in acciaio, & l'altra di stucco: la
prima ha per rouescio l'Isola dell'Elba, con la nuoua cit=
tà Cosmopoli fondata, et mirabilmente fortificata dal S.
Duca. Sopra l'Isola è un motto, SILVA RENASCENS.

H iiij

Le lettere poi scolpite intorno al rouescio dicono, T H V-
SCORVM ET LIGVRVM SECVRITATI . La se=
conda ha per rouerscio uno Apollo, ilquale mette la ma=
no in capo al Capricorno, felicissimo ascendente di sua
Eccell. e un piede sopra il serpente Fitone, con l'arco e'l
turcasso . Il motto è quel uerso d'Horatio, conueniente.
molto alle ottime qualità di così uirtuoso Principe ;
INTEGER VITAE SCELERISQVE PVRVS. Mo=
strommi gia il Poggino di molte altre bellissime meda=
glie fatte da lui, fra lequali mi ricorda di quella del Car
dinale di Rauenna, c'haua per rouescio una delle dodici
fatiche d'Hercole, ch'è quando egli amazza l'Hidra: la=
quale Impresa è senza motto, ma nondimeno ha bellissi=
ma apparenza, & misterioso significato . Vn'altra ne
uidi del S. Don Luigi di Toledo, dignissimo fratello della
Eccel. Signora Duchessa di Fiorenza, laquale haueua per
Impresa due Donne figurate l'una per la uita Attiua, &
l'altra per la uita Contemplatiua : il motto appropriato
ANXIA VITA NIHIL; uolendo, per quel ch'io
posso comprendere, inferire, come non stimando piu lat=
tioni & gli honori di questo mondo, s'era tutto uolto
con l'altezza de suoi pensieri, a contemplare le cose di
Dio. Haueua il Poggino anchora fatto la medaglia d'An
ton da Lucca, di quello Eccellentissimo Musico, che po=
chi mesi sono passò a miglior uita, lasciando di se & del=
la uirtù sua grandissimo desiderio a chi lo conobbe : la=
qual medaglia haua per rouescio Marsia scorticato da
Apolline, senza altre parole. Et questa Impresa debita=
mente era stata appropriata a questo rarissimo intellet=

to, per mostrare l'eccellenza del suo ualore. Vidi pur ri=
tratta dal medesimo Poggino in istucco una bellißima gen
tildonna Fiorentina, con un rouescio di quattro figure
finte per li quattro elementi. Il motto diceua con questo
bel uerso Latino, SIC EGO NEC POSSEM SINE
TE, NEC VIVERE VELLEM. Doue a me pare, che
colui, c'ha fatto formare tal medaglia, habbia uoluto di=
re, che si come l'huomo non puo uiuere senza i quattro
Elementi, de quali egli è composto; cosi questo amante
non potrebbe, ne ancho, potendo, uorrebbe uiuere sen=
za la sua Donna. Ritrasse parimente un'altra gentildon=
na degna di cio per la sua rara e honesta bellezza dell'a=
nimo & del corpo, & per rouescio le fece un Liocor=
no, animale tanto amico della castità, con questo motto,
OPTIMA INSIGNIA. Vidi pur'un'altra medaglia di
una gentildonna fatta di sua mano, laquale per hauere
hauuto una molto honorata & notabile Impresa, non mi
s'è mai potuta scordare; & questa è Bellorofonte, & la
Chimera. Il motto era del uerso d'Horatio CECIDIT
TREMENDAE FLAMMA CHIMERAE. Vi potrei
ragionare d'infinite altre medaglie fatte dal Poggino,
con argutißime inuentioni & significati, ma non uorrei
fastidirui con metterui innanzi tante cose, anchora che
bellißime, d'un solo. POM. Di questo non habbiate so=
spetto alcuno. LO. Però per non uenirui a noia, porrò
mano ad altro, & dico; che fu gia un gentilhuomo in
Pauia, mio grandißimo amico, ilquale essendo innamo=
rato d'una bellißima & rarißima gentildonna, & d'acu=
tißimo spirito, facendo una mascherata per comparirle

innanzi, & uoler farle intendere il misero stato & pe-
ricoloso, doue egli era posto per cagione dell'amore, che
le portaua; dipinse una naue in alto mare, senza alcuno armeggio, & appresso questo uerso del Petrarcha,
MI TROVO IN ALTO MAR SENZA GOVERNO
Hauendo egli dunque occasione di ragionare in ballo, &
trattenersi, come s'usa, con questa gentildonna, ragionan
do uenne a farle conoscere, come essa gli hauea dato cagione di leuar tale Impresa; che molto ben se gli conueniua, per non sapere egli truouar riparo al suo infelicis-
simo stato. Allhora quella gentildonna, dotata, come io
ho detto, di prontißimo & uiuo intelletto, senza troppo
pensare alla risposta che gli douea fare, disse; assai piu, si
gnore, ui si conuerrebbono i uersi, che seguono, iquali, si
come uoi sapete dicono; SI LIEVE DI SAPER, D'ER-
ROR SI CARCO, Ch'io medesimo non so quel ch'io mi
uoglio; et tremo a mezza state ardendo il uerno. Rimase
quel gentilhuomo tutto stordito & confuso, & pieno di
marauiglia, pensando alla pronta, & pungente risposta,
che gli hauea fatta quella accorta & ualorosa Signora.
Poi ch'io sono entrato, non saprei dir come, a ragionar
dell'Imprese, & ch'io ue n'ho detto infinite d'altri, non
mi uergognerò diruene alcuna delle mie; non perche io
le stimi degne di si nobil compagnia, ma per far parago
ne all'altre. A R. Deh si di gratia, fateci ancho questo
fauore. L O. Fauore sarà quel che uoi farete a me, de-
gnandoui d'ascoltarmi, di che u'haurò singolare obligo.
Feci dunque una impresa all'Illustrißimo Signor Chiap-
pin Vitelli, ilquale oltra gl'infiniti testimoni del suo grā-

diſſimo ualore, ch'egli ha moſtrati altroue, s'e coſi no=
bilmente portato in queſta lunga & oſtinata guerra di
Siena. Laquale Impreſa ho figurato,che ſia un Vitello,
come peculiare inſegna della ſua famiglia,ilqual Vitello
quando è morto , uiene a produrre da ſe lo ſciame delle
pecchie.Il motto ho tolto dalla Bibbia dell'hiſtoria di San
ſone , quando egli propoſe l'Enimma a Filiſtei,dicendo;
DE FORTI EGRESSA EST DVLCEDO. uolendo
nella mia mente inferire , che dalle fortiſſime opere &
fatiche di queſto Eccellente Capitano uſciranno col tem=
po dolci frutti di gloria & d'honore.Il S.Pirrho da Sti=
picciano, cognominato Colōna,fu caualiere di quel gran
diſſimo ſenno & ualore , che ſi ſa per ogniuno . Ilquale
eſſendo in preſidio di Carignano in Piemonte,ualoroſiſ=
ſimamēte ſoſtenne l'aſſedio contra Mons.d'Anghiano &
tutto l'eſercito Franceſe;& finalmente dopo che il Mar
cheſe del Vaſto fu rotto da Franceſi alla Cereſola , doue
gl'Imperiali perderono la giornata,innanzi che ſi uoleſ=
ſe arrendere,mancandogli tutte le coſe neceſſarie al uit=
to,ſi tenne piu di quaranta giorni.Alla fine non hauen=
do alcuna ſperanza di ſoccorſo,fu sforzato arrenderſi,
ſalue le robe & le perſone.Et coſi uſcendo di Carigano,
per eſſerſi obligato ſopra la ſua fede , andò a trouare il
Re di Francia : ilquale honorando molto la uirtù di lui,
anchora che gli foſſe ſtato nimico,gli offerſe conditioni
honorate,ſe uoleua ſeruirlo.Ma il S.Pirrho ringratian=
do il Re, & ſcuſandoſi di non potere, rifiutò il partito
offertogli dal Chriſtianiſſimo:però gli feci io una Impre
ſa ſopra di queſto generoſo ſoggetto; & figurai il caual

lo di Giulio Cesare, ilquale, secondo che scriue Plinio, non
uolse mai esser caualcato da altri, e haueua i piedi dinan
zi simili a quei dell'huomo ; e in questa effigie, era posto
dinanzi al tempio di Venere genitrice . Il motto suo di=
ceua, SOLI CAESARI. Accennando a all'honorata in=
tentione del S. Pirrho, ilquale essendo al soldo di Cesare,
non haueua uoluto accettare la condotta offertagli dal
Re Francesco . Il Signor Conte Battista d'arco è nobilis=
simo, & molto ualoroso Signore, & per ciò merita che
si faccia memoria di lui, et delle eccellentißime uirtù sue.
Et benche io non sia tale, che mi uanti di poter fargli ho
nore, nondimeno per mostrare in qualche modo la mia
singolare affettione uerso di lui; l'ho prouisto d'una Im=
presa, laquale a mio giudicio, par che molto se gli con=
uenga, se non per altro, almeno per lo nome della sua an=
tica e illustre famiglia . Ho fatto dunque l'Arco celeste,
o come alcuni lo chiamano, Arco baleno, ilquale dopo la
pioggia è formato nell'aere per la rifleßione de raggi del
Sole nelle nuuole. Ilquale arco quanto il Sole è piu alto,
tanto uiene a farsi maggiore . Voglio dunque inferire,
che hauendo questo generoso Signore seruito honorata=
mente in guerra molti principi, & fra gli altri il Sere=
nißimo Re de Romani, quanto ha fatto seruitù a mag=
gior personaggio, tanto piu è riuscito chiarißimo & ec=
cellente . Il motto dice A MAGNIS MAXIMA. HO
fatto un'altra Impresa al S. Sforza Pallauicino, ilquale
è quel rarißimo caualliere, che sa tutto il mondo, hauen=
do egli lasciato infiniti testimoni di ualore & di fede in
molte guerre, & massimamente al seruitio della Maestà

del Re Ferdinando, per cui egli tuttauia con molta sua
lode & honore milita & serue. Et è questa impresa la
Donnola, che combatte con le Serpi, ilquale animale è
dotato dalla natura di tanto ingegno, che conoscendo il
mortifero ueleno del suo nimico, innanzi che uada ad af-
frontarlo, prima si prepara con la Ruta. Et però ho uoluto accommodare questo suggetto al S. Sforza; ilquale
hauendo a cōbattere co Turchi, nostri et della santissima
fede di Christo capitalissimi nimici, s'arma prima, &
prouede non solo di buona armadura, ma di eccellentiss.
& singulariss ardire & ualore d'animo & di corpo. Il
che egli ha fatto sempre, & è per far questo anno anchora con grandissimo danno de gl'infedeli, se a Dio piacerà mandargli di nuouo, come si ragiona, a trauagliare
il Regno d'Vngheria. Il motto è Latino, & dice. C A V-
T I V S P V G N A T. La similitudine del nome m'ha fatto
ridurre a memoria il S. Sforza Almeni gentilhuomo della camera dell'Eccel. S. Duca di Fiorenza, & meritamente molto fauorito di sua Eccellentia: ilquale hauendo sua
propria & peculiare impresa giudico che non habbia bisogno ch'io glie ne faccia altra. L'Impresa dunque di questo honorato gentilhuomo è una Piramide con l'ali c'ha
fondata la sua base sopra le Palle: e il motto dice I M M O-
B I L I S. Doue, se io non m'inganno, ha uoluto mostrare, che hauendo egli giudiciosamente fondate le sue speranze e il suo stato sopra le Palle, arme del suo Principe,
& seguendo la fortuna & felicità di lui, è per ciò immo-
bile & saldo, o forse uuole anchora accennare alla seruitù, ch'egli ha con qualche gentildonna, laquale egli dise-

gna che sia stabile & eterna. L'Illustriss. S. Gio. Battista
Castaldo è Capitano di così chiara fama, & singolar uir
tù, che con pace de gli altri hoggidì tiene il primo luogo,
& massimamente per la lunghissima esperienza, ch'egli
ha dell'armi & delle cose della guerra. Ha uoluto ultima
mente questo Eccel. Capitano ritirarsi, & starsi in ripo=
so, si come emerito & stanco dalle continue fatiche mar
tiali. Però con tutta questa sua lodeuolissima & sauia ri=
solutione, non manca tuttauia d'aiutare col consiglio &
con l'ingegno, tutti coloro, che ricorrono a lui, come à
uno Oracolo. Gli ho fatto dunque per Impresa un Laure
to, cioè una selua di Lauri, ilquale anticamente era posto
in Roma su'l monte Auentino; onde tutti quei ch'erano
per trionfare, andauano a pigliare il ramo da incoronar=
si. Intendendo per questo Laureto esso S. Gio. Battista,
ilquale è quel che ministra i consigli & l'operationi uir
tuose a quei che uanno a lui, per imparare col suo esem=
pio a farsi honorati et illustri. Onde stando esso a sedere
tuttauia fa attioni degne di molta lode. Il motto, ch'io ho
fatto all'Impresa, dice VIRTVTIS ET HONORIS
PRAEMIA. Io u'ho ragionato a questa hora di molte
belle & brutte Imprese, ch'io mi ricordo hauer ueduto;
hora hauendo io sodisfatto in quel miglior modo, ch'io
ho saputo alla mia promessa, & al desiderio uostro, sare=
te contenti ch'io mi riposi, et ponga fine al mio parlare.
A R. Quanto a questa parte, noi ci chiamiamo sodisfatti
dell'obligo uolontario, che haueuate contratto con esso=
noi; ma se hora ui ci uolete fare obligati con la uostra
cortesia, ui piacerà contare parecchie altre di quelle, che

auete fatto uoi a requifitione de uoftri amici. Percioche
non puo effere, che hauendone uoi uedute tante, e hauu=
o lunga familiarità con Monffig. Giouio, ilquale n'era
maeftro, non u'habbiate anchora uoi fatto qualche ftu=
lio: & che non fiate ftato sforzato compiacere a chi ue
ie pregaua. L o. Io non poffo negare, che non mi fia
lafciato uincere talhora dalla importunità de gli amici,
& poftomi a far cofa, doue il mio genio non era incli=
nato; ma gran pazzia farebbe la mia a far paragone del
le inettie del mio ingegno, con le acutiffime inuentioni di
tanti galant'huomini & fignori, ch'io u'ho racontate.
P o m. Se non hauete potuto mancare a commandamenti
di coloro, che ui pregauano, fo che molto meno potrete
difdire a preghi di noi, che ui commandiamo con l'autto
rità della noftra amicitia, & della cortefia noftra. Et pe=
rò rifolueteui a farci quefto piacere. L o. Affai minor
uergogna mi tengo il farmi riputar prefontuofo compia=
cendoui, che difcorte, e negandoui cofa, che da me uoglia=
te. Dico adunque, ch'io fui richiefto, pochi mefi fono, dal
S. Alberto da Stipicciano cugino del S. Pirrho ch'io gli
uoleffi fare una Impresa, che s'haueua a dipignere nel
fuo quadretto de caualli, ch'egli haueа hauuto dall'Ec=
cellentiffiimo S. Duca di Fiorenza; & uolendo egli mo=
ftrare la integrità della fua inuiolabil fede, ch'egli ufaua
uerfo il fuo principe, gli feci figurare un Crociuolo da
orefici da fondere l'oro, & l'argento pofto fu'l fuoco,
con parecchie uerghe d'oro dentro, col motto S I C V T
A V R V M I G N I. Accennando, che fi come l'oro fi co=
nofce et s'affina al fuoco; cofi la fede d'un caualier d'ho=

nore si conosce alla pruoua delle fattioni di guerra.Fu a
questi giorni un giouane Fiorētino amico mio,ilquale mi
ricercò,ch'io gli facessi una Impresa;e'l soggetto era que
sto,cioé come egli era apparecchiato per cortesia sua &
gentilezza d'animo compiacere altrui in tutte le cose ra
gioneuoli & honeste;ma per forza,et contra la uolontà
sua non era mai per far nulla.Dis; igli adunque,che a uo
lere esprimere questo suo concetto figurasse una Palma,
senza altro,la cui proprietà ui è notissima, & facesseui
un motto,F LECTITVR OBSEQVIO,NON VIRI=
BVS,questa mi parue inuentione assai accōmodata al de=
siderio dello amico . Richiesemi un cittadin Fiorentino,
ilquale era per andare in officio,ch'io gli dessi una Im=
presa per farla dipignere nello stendardo . ch'essi usano
di portar seco,come insegna del magistrato.Et diceuami,
che egli haurebbe uoluto mostrare in figura, come essen
do egli stato in cōntinui trauagli,perseguitato molto dal
la Fortuna,non s'era mai per cio lasciato uincere ne ab=
battere da gliaffanni, ma sempre hauea mostrato il uiso
alla sorte,mantenendo core intrepido & uirile.Gli ordi
nai dunque,che figurasse un Leone,ilquale è il piu ardi=
to & generoso animale,che sia sopra la terra,& facesse
un motto REBVS ADVERSIS ANIMOSVS. AR.
Questo,se ben mi ricorda, è un uerso d'Horatio. L O. E
senza dubbio, & parmi allhora, come si suol dire, dar
nel segno, quando io posso esprimere la intention mia o
d'altrui, con parole o uersi di qualche auttore illustre,o
historico o poeta Latino,molto meglio assai,che s'io for
massi il motto da me stesso.Percioche io giudico artificio

maggiore

maggiore tirare a mio proposito la sentenza dello scrit=
tore antico, quasi ch'egli scriuesse per seruirmi delle sue
parole Fu la S. Liuia Torniella, mentre ella uisse, bel=
lissima & honestissima Donna; & uno de' piu gentili &
leggiadri ingegni, c'hauesse il sesso Donnesco all'età no=
stra. Amaua et honoraua grandemente le persone uirtuo
se & litterate, & faceua loro tutti quegli honesti fauori
& accoglienze, ch'eran possibili a farsi. Di che posso io
far fede, che sono il minimo di tutti, che ho riceuuto da
lei molte belle lettere, nelle quali ella con mirabile inge=
gno chiaramente esprimeua la bellezza del suo purissimo
animo. Pregommi questa ualorosa Signora, che ben com
mandare mi poteua, ch'io le facessi una Impresa, doue
ella mostrasse la costanza e integrità del suo pensiero tut
to uolto a honore & uirtù. Onde io, bench'io conocessi
benissimo, ch'ella con lacutezza del suo diuino spirito
molto meglio di me haurebbe saputo formare tal sogget=
to, non uolli però mancare d'ubidirla; & così le feci in=
tendere, ch'ella figurasse l'Helitropio, cioè Girasole, il=
quale sta uolto sempre secondo che gira il Sole, & per
ciò n'ha acquistato il nome quasi ch'egli habbia spirito;
& però uoglia far conoscere, che l'intention sua è tutta
uolta al raggio del Sole. Il motto era VERTITVR
AD SOLEM. Tennesi assai sodisfatta quella amoreuole
& uirtuosa gentildonna di questa Impresa, & per sua na
tural cortesia me ne ringratiò molto. Alla giostra, che
fece il S. Pierluigi Farnese in Piacenza lanno MDXLVI.
concorsero tutti i piu honorati et ualorosi caualieri d'Ita
lia, et fra gli altri u'andò il S. Nicolò Pusterla gentil'huo=

I

mo Milanese, caualiere di quel singolar ualore, che uoi h:
uete udito ricordare. Haueua questo gentil Sig. fatto un:
liurea, come s'usa, et erasi coperto se tutto, e il cauallo di
piume, che faceua bellißima apparenza a uedere, ma non
hauendo motto alcuno, dißi, che questo sarebbe conuenu:
to al suo pēsiero; M A S S O N L A S D E L C O R A Z O N.
Era un gentil'huomo d'honore, ilquale per sua cattiua sor
te haueua per moglie una donna aßai bella, et di nobil san
gue, ma per quel che si ragionaua di lei, poco honesta. On
de per coloro che lo sapeuano, era tenuto ch'ella faceße
grauißima ingiuria al marito, & che per cio ne meritaß
se aspro gastigo. Ma, si come suole auuenire in simili casi,
il pouero gentil'huomo che dal lato suo trattaua honora
tamente la moglie, et faceuale buona compagnia, ragione
uolmēte anchora credeua, ch'ella per tutti questi rispetti,
et di piu per eßer nata nobile, gli deueße mantener fede,
et hauer cura dell'honor suo; dou'egli di gran lunga s'in:
gannaua. Perche la disleal dōna faceua il peggio che sape
ua: et cio non auueniua gia, perche il marito non usaße i
debiti modi in guardarla : che la malitia di lei superaua
tutti i suoi consigli. Ragionandosi dunque di questo caso
fra alcuni gentil'huomini, iquali haueuano in uero cōpaß=
sione grāde a quel meschino dißi; che in questo soggetto
si sarebbe potuto fare una Impresa per iscusatione del po
co auuēturato marito, cioè Argo, ilquale, si come Ouidio
fauoleggia, si figuraua con cento occhi, che guardaße Io
conuertita in uacca, con un motto, che dice, F R V S T R A
V I G I L A T. A·R. Questa Impresa hoggidì nō a un solo,
ma cōuiene a molti infelici mariti; dico infelici, quanto al

la falsa openione del Volgo,ilquale scioccamente si crede,
che l'honor de glihuomini,et delle famiglie si debba,o pos
sa perdere per l'amoreuolezza d'alcune Dõne.Onde quã
to si inganni,chi così crede,considerisi che l'honore et la
fama si perde per nostro proprio difetto,et nõ per altrui
colpa. L o. Io ho fatte poche Imprese a instantia altrui,
perche , come io ho gia detto,questo è ufficio d'huomini
nõ solamente dotti,ma capricciosi anchora.Tuttauia per
mostrare qualche gratitudine ad alcuni personaggi illu=
stri, iquali m'hãno gia fatto beneficio,et perciò mi sento
hauere obligo cõ la lor cortesia;ho fatto parecchie impre
se a mia sodisfattione,et nõ perch'essi se n'habbiano a ser
uire. P o m.In ogni modo,che l'huomo si mostri grato de
benefici riceuuti,merita lode;e inuita glialtri ancora a es
sergli liberali et cortesi:però bene hauete fatto uoi a mo
strare qualche segno della diuotione dell'animo uostro uer
so quelle nobili persone,che u'hãno giouato:si come d'altra parte io son certo,che uoi nõ ui ricordate d'ingiuria,
che ui sia stata fatta,tale è la generosità et grandezza del
l'animo uostro. L o.Io conobbi lãno M D X L I I I I in Vine
gia il Capitã Camillo Caula da Modona,gentilhuomo mol
to ufficioso et cortese , ilquale in seruigio de gliamici non
che le facultà, spēderebbe la propria uita.Cõ questa hono
rata persona ho io grãde obligo però per qualche segno
d'affettione et riuerenza ch'io porto alle sue rare cõditio
ni,gli ho figurato per Impresa un'Elefante riuolto uerso
la Luna,ilquale tra laltre sue marauigliose proprietà ha
questa ch'essendo spõtaneamēte dotato d'una certa subli=
mità di natura,porta riuerenza al Grãde Iddio,e osserua

I ij

la religione. Percioche apparendo la Luna nuoua, quando egli non è ritenuto da forza altrui, si purifica in un fiume corrente, se si sente ammalato, si raccomāda a Dio et scaglia dell'herbe uerso il cielo, quasi che cō quel mezzo ui uoglia fare aggiungere i suoi preghi. E in queste atto lho disegnato io uolendo esprimere la diuota intentione del Capitan Camillo. Il motto, ch'io gli ho fatto, è questo, PIETAS DEO NOS CONCILIAT. Voi douete amendue hauere udito ricordare, o almeno uoi M. Arnoldo; che lo conosceste in Vinegia, il S. Girolamo Pallauicino di Cortemaggiore, ilquale non tralignando punto dalla generosità della sua nobilißima famiglia, in tutte le sue attioni ha di continuo mostrato magnificenza & splendore d'animo reale. Di questo liberalissimo Signore ho io gran cagione di lodarmi, talche mentre io haurò uita, non mi uedrò mai stanco ne satio d'honorarlo in tutti quei modi, che per me si potranno. Però per fare alcuna parte di quel ch'io debbo, gli feci gia per Impresa una Aquila, laquale, secondo Plinio, sola di tutti gliuccelli non fu mai morta dalle saette: & perciò fu detto, ch'ella portasse larmi di Gioue. Volendo dire, che la uirtù di questo signore non puo esser percossa dall'ira del cielo: & con questo io dimostro la persecutione, che egli hebbe gia a gran torto nello stato, & nella persona, laquale finalmente come e' meritaua, gli riuscì a felicità & grandezza. Il motto diceua EST MIHI SORTE DATVM. Riceuci gia molte cortesie & fauori dal Conte Collatino di Collalto, giouane di singolar uirtù & grandezza d'animo, e oltra le doti del corpo, accompa=

gnato anchora abondeuolmente da beni della fortuna, i
quali gli danno commodità & occasione di usar'liberali=
tà uerso coloro, che la meritano. Ond'essendo io stato be
neficato da lui, & perciò uolendo fare alcuna memoria
del suo merito, & dell'obligo mio, figurai lalbero del Pi=
no, ilquale è di questa proprietà, che d'ogni stagione ha
frutti maturi: e il motto diceua SEMPER FERTILIS,
uolendo per questo mostrare, che la uirtù di questo no=
bil signore, di continuo produce soauissimi frutti di glo=
ria & d'honore. Ho hauuto, & ho tuttauia amicitia;
per non chiamarla con parole adulatorie del nostro tem=
po, seruitù, con Monsignore Antonio Altouiti dignissi=
mo Arciuescouo di Fiorenza; ilquale, si come quel ch'è
nato nobilmente, & di poi con la nobiltà sua ha unito lo
studio delle lettere diuine & humane, tuttauia pensa, co=
me e'possa giouare, et far beneficio a ogniuno. Talche es=
sendo anchora io un di quegli, che hanno conosciuta &
prouata la sua splendidezza, ho uoluto far testimonio
dell'obligo, ch'io ho seco, con qualche frutto del mio de
bile ingegno. Così gli ho fatto una Impresa, ch'è un Ca=
ne d'guardia d'un branco di pecore; ilquale da gliantichi
era figurato per professore delle sacre lettere. Percioche
colui, che uuol far profesosine delle cose diuine, sopra
tutto bisogna, che a guisa del Cane di continuo abbai, che
mai non cessi di perseguitare i uitij de glihuomini, che sia
d'animo terribile, che non si domestichi con alcun profa=
no, si come fanno i Cani uerso coloro, iquali o alla uista
o al fiuto conoscono che non sono della famiglia del Si=
gnore. Per li Cani anchora sono interpretati i prelati del

I iij

le sacre Chiese di Christo ; iquali si proueggono per di-
fendere le greggie dalle insidie de gliauuersari, et per cu-
stodir sicure le pecorelle da ogni ingiuria de lupi. E' at-
tribuita ancho al Cane la memoria, la fede, & l'amicitia.
Però mi parue conuenirsi questa Impresa a si honorato
personaggio, col motto NON DORMIT QVI CVS
TODIT. *Fra i molti nobilissimi signori, che sono nel*
regno di Napoli, iquali illustrano quella nobilissima pro-
uincia, u'è il Signor Don Gio. Vincentio Belprato, Con-
te d'Anuersa, degno d'infinite & grandissime lodi, per
essere egli non pure uirtuoso & magnifico, ma grandissi-
mo amico anchora & benefattore di quegli, che non han-
no altro, che una minima ombra di bontà, & di uirtù.
Di che posso fare io piena fede, che per tale lho conosciu-
to & prouato, senza hauerlo giamai ueduto : onde con-
fesso esser tenuto a rendergli gratie immortali, e a cele-
brarlo con tutte le forze del mio pouero intelletto. Ho
giudicato dunque ufficio mio fargli alcuna Impresa degna
del suo altissimo pensiero. Però gli ho fatto il cauallo Pe-
gaso, come si uede scolpito nelle medaglie d'Adriano, di
L. Papirio Cursore, & d'altri ; dou'egli è figurato per
la Fama. Nacque questo animale, come fauoleggiano i
Poeti del sangue di Medusa. Percioche la Virtù, quando
ella ha tagliato il capo allo Spauento, genera la Fama; &
per lo capo di Medusa s'intende lo spauento & la Mara-
uiglia. La Fama poi, si tosto ch'ella è nata, comincia a
uolare per bocca de gli huomini, & fa sorgere il fonte
delle Muse in Parnaso; perche lhonorate attioni delle per-
sone illustri, danno materia di scriuere a gli historici e a

poeti: si come daranno ogn'hora le degne Imprese di que
sto magnanimo Signore . Il motto dell'Impresa è questo
mezzo uerso del petrarcha CHE TRHAE L'HVOM
DEL SEPOLCRO. M. Alamanno Saluiati è gentilhuo
mo molto modesto & cortese , & tale , che se Fiorenza
hauesse molti altri simili a lui, in bontà d'animo, e in pron
tezza di giouare , & far beneficio a ogni persona , ella
ueramente si potrebbe chiamare la prima città d'Europa
di gentilezza, si come è di bellezza et magnificentia d'edi
fici . Percioch'egli è persona tanto libera & schietta, che
da lui si possono piu tosto sperare magnifici et reali effet
ti, che uane & leggieri parole. Però hauendomisi anche
egli obligato con le sue cortesi maniere , per non essere
ingrato affatto uerso di lui , si come anchora io m'inge
gno di non essere con nessuno altro ; gli ho fatto la sua
Impresa, ch'è la proboscide dell'Elefante. Perche si come
l'Elefante con la proboscide sola fa quasi tutti i seruigi ,
che gli bisognano; percioche se ne serue in cambio di ma
no, con essa bee , con essa si mette il cibo in bocca ; & la
porge al suo maestro , a cui egli si mostra ubidientissimo
in tutti i suoi commandamenti ; così quando egli gli uuo
le salir sul collo , come quando uuole scendere in terra .
Con essa sueglie glialberi , toglie larmi di mano in batta
glia a coloro che combattono; getta gli huomini da caual
lo , & fa di molte altre marauiglie, ch'io lascio adietro.
Così per questa figura ho uoluto mostrare un'huomo ric
co , un ; che non habbia punto bisogno d'altrui; ilquale
sicuramente possa dire, tutta la mia speranza è posta do
po Dio in me stesso : che tale senza alcun dubbio è que

I   iiij

sto modestissimo gentilhuomo. Il motto suo è S V I S V I
R I B V S P O L L E N S. Riceuci già molti segni d'amoreuo
lezza & di cortesia da un gentil'huomo Tedesco, che si
chiamaua il Signor Lionardo Curz; ch'essendo stato alcu
ni mesi in Napoli, città, si come uoi sapete, molto inclina
ta alle delitie e a piaceri, et sentendosi sul fior de glianni
suoi, & ben denaio, o, s'inuaghì d'una Signora: con la=
quale pigliandosi piacere & bel tempo, in poco spatio di
tempo consumò molte migliaia di scudi. Ma finalmente
accortosi del suo errore, & conosciuto doue la giouanez=
za & le finte lusinghe l'haueuano condotto, prese un'ot=
timo consiglio, & così si partì di Napoli, per uscire delle
reti amorose. Volendo io dunque figurare questa sua no=
bile deliberatione, feci una Impresa d'un Ceruo, che stia
mezzo nascoso in una fossa. Percioche questo animale,
poiche egli ha usato con la femina, si dilegua da se stesso,
& per lo puzzo della libidine stando soletario caua una
fossa, & quiui si sta, fin che uiene una grossa pioggia,
che lo laui tutto; & poi ritorna a pascere. Il motto, ch'io
gli feci, diceua L A S C I V I A E P O E N I T E N T I A.
Feci ancho un'altra Impresa delle corna del Ceruo con
una ghirlanda d'alloro intorno al S. Agosto d'Adda, gen=
til'huomo Milanese, ilquale di mercatante, ch'egli era
stato prima, non pure era diuenuto ricchissimo, ma an=
chora nobilissimo & signore; così haueua egli hauuto
amica & fauoreuole la Fortuna, laquale non suole però
tuttauia perseguitare i buoni. Et così bene & uirtuosa=
mente dispensaua poi le sue ricchezze, che piu tosto pa
reua nato re, che priuato cittadino. Morì questo splen=

didiſſimo gentil'huomo gia ſei anni ſono con grandiſſimo
danno & dolore dl tutti i uirtuoſi.Et con queſta Impreſa
uolſi moſtrare la uarietà della ſorte.Percioche ſi come a
Cerui ſoli fra tutti glaltri animali,ſecondo che ſcriue Ari
ſtotele, caggiono & rimettono le corna : coſi la Fortuna
gouernãdoſi a capriccio,uſa d'alzare chi le pare di baſſo
ſtato a glihonori e alle ricchezze, rade uolte però mo=
ſtrando giudicio,com'ella hauea moſtro nel S.Agoſto:il=
quale per la ſua generoſiſſima natura non ſolamente era
degno delle grandiſſime facultà,che egli haueua,ma meri
taua le ſignorie e i regni.Il motto fu FORTVNAE VI
CISSITVDO Dal S.Battiſta Viſconte,che fu del S.Her
mete,mi fu gia uſata liberalità et amoreuolezza;onde io
lo giudicai degno poſſeſſore di quelle molte ſoſtanze,che
la Fortuna gli ha donate,per honorarne la uirtù ſua . A
queſto liberalliſſ. Signore feci una Impreſa aſſai uiſtoſa,
pure con la figura del Ceruo,che nuota in mare , ilquale
ha tale et coſi acuto odorato,che anchora che nõ uegga la
terra,nuota all'odor d'eſſa.Volendo perciò dire,come que
ſto gentiliſſimo Signore è tãto affettionato alla uirtù, che
ſolo al fiuto la conoſce, & cerca. Il motto dice TRAC=
TVS ODORE.L'illuſt.et Reuerẽdiſſ.S.Car. di Ferrara,
oltra la nobiltà dell'antichiſſima Caſa da Eſte,è coſi ſplen
dido & magnanimo ſignore,quanto alcuno altro,che ſia
in quel ſacro collegio;giuſtiſſimo,integerrimo, & mode=
ſto;amatore & fautore de gli huomini uirtuoſi et littera
ti,dequali infiniti n'ha ſempre nella ſua honoratiſſ. corte.
Di queſto ſingolariſſ.Signore ſono io tenuto fare celeber
rima memoria non ſolo per l'obligo, ch'io tengo alla ſua

cortefia, ma per merito delle fue chiariſſime uirtù.Però
gli feci io gia una Impreſa,laquale è ben ragione,che ceda
a quella , che Mons. Giouio gli diede per rouefcio d'una
medaglia,che hauea fatta di lui Domenico Poggini orefi-
ce et fcultore Eccell.cõ induſtria e artificio mirabile,quan
do fua S. Illuſt.era al gouerno di Siena per il Re di Fran
cia;P o m. Diteci l'una et laltra, ui prego, che l'hauremo
cariſſ. L o. Anzi fia bene , che il difcepolo dia luogo al
maeſtro. Dico dunque,che'l Giouio fece fare per rouefcio
a quella belliſſima medaglia una Lupa,figurata,come uoi
fapete,per la città di Siena,laqual era dinanzi a un gioua
ne ueſtito all'antica,col Giglio fopra il capo,intefo per il
Re Chriſtianiſſ. ilqual giouane metteua di fua mano un
collare di ferro di quei che portano i maſtini per lor dife-
fa,al collo alla Lupa , per aſſicurarla dal morfo de Cani.
Volendo,come io credo,intẽdere,che fua Maeſtà Chriſtia
niſſ. hauẽdo poſto in Siena coſi prudente et giuſto gouer
no,l'hauea aſſicurata dall'infidie de fuoi nimici.Il motto,
fe mi ricorda bene , diceua S e c v r a c o n t e m n i t
c a n e s . Io feci un'altra Impreſa al Conte Vinciguerra
di Collalto. A r.Deh nõ ci uogliate rubare quella,che uoi
faceſte al Cardinal di Ferrara.L o.Io fon contento piacer
ui,ma però con queſto,che non m'habbiate per prefon=
tuofo , credendo ch'io ardifca far paragone alle cofe del
Giouio:che cio farebbe,come un uolere aguagliare il piõ-
bo all'oro.Però ui dico,ch'io gli feci per Impreſa un pe=
fce chiamato Polpo , ilquale ha coſi dolce & foaue odo
re,che douunque egli ua , di continuo è feguitato da una
grandiſſi.fchiera d'altri pefci,iquali fono inuaghiti e allet

tati dalla soauità d'esso Polpo. Volendo dimostrare, come
la rara uirtù et gentilezza di questo dignissimo signore
ha così marauiglioso odore, che si tira dietro tutti i uir=
tuosi et galant'huomini. Il motto dice, SIC TVA NOS VIR
TVS. Et questo motto serue a pesci, che seguono il Polpo,
e a glihuomini litterati & buoni, che traggono all'odore
delle uirtù del Cardinale. Or per tornare al Conte Vin=
ciguerra di Collalto, dico che la singolare humanità et ma
gnificētia di questo amoreuole signore è tanta et tale, che
s'ha fatti schiaui & diuoti tutti i belli spiriti dell'età no=
stra. Et benche io sia come nulla appresso loro, nondimeno
per sodisfare in quel miglior modo, ch'io posso all'obligo
particolare, ch'io tengo seco per essere io stato fauorito
et beneficato da lui, gli feci per Impresa un Cigno, ilqua=
le uolando per laere, et hauēdo in bocca il glorioso nome
del Conte Vinciguerra, lo porta a consacrare al tempio
dell'Eternità: come senza alcun dubbio auuerrà per meri
to delle uirtù sue. Il motto dice COELO MVSA BEAT.
Il S. Don Consaluo Ferrante di Cordoua, Duca di Sessa,
ilquale nacque della S. Donna Eluira, che fu figliuola del
Gran Capitano, è uno de piu nobili & piu uirtuosi signo
ri, c'habbia tutta la Spagna; & di così grande & genero
so animo, che alla sua realissima liberalità poco sarebbe
l'oro delle Indie nuoue. Di questo splendidissimo signore
dirò poco, per non iscemargli honore: questo solo uoglio
dire, ch'egli mi honorò di tal modo, & con parole amore
uoli, & con atti cortesi, che quando io scriuessi, & ragio
nassi sempre in lode di lui, non mi riputerei sodisfare a
meriti suoi, ne al debito mio. Ma nondimeno dandogli io

quel ch'io poſſo, ſarò in parte ſcuſato. Feci dunque un
impreſa a ſua Eccel. laqual è un Leone, e un Cingiale coi
giunti a un giogo; uolendo percio dimoſtrare, come queſte
Illuſt. Sig. ha accompagnato inſieme le uirtù dell'animo
& le forze del corpo; ſignificando per il Leone il uigor
dell'animo, & per il Cingiale la forza del corpo. Percio.
che queſte due parti ſono lodeuolmente unite nella perſo
na del S. Duca di Seſſa. Il motto dice in lingua Spagnuola
CON EST AS GVIAS. Il S. Iacopo ſeſto Appiano d'Ara
gona ſignor di Piombino è molto nobile & corteſe ſigno
re, & non ha molti meſi, ch'egli ſpinto dalla ſua natural
liberalità & gentilezza d'animo, ſi degnò d'honorarmi
con corteſia di fatti et di parole, conformi alla nobiltà del
cor ſuo. A queſto uirtuoſo et magnanimo Signore, che me
rita molto maggiore honore, ho fatto una impreſa, a mio
giudicio, conueniente a meriti ſuoi: laquale è il tempio del
l'Honore, e il tempio della Virtù, cõgiunti l'uno all'altro,
di modo, che non ſi puo entrare nel tempio dell'Honore,
ſenon per quello della Virtù : ſi come fu gia dedicato in
Roma da Marco Marcello. Doue io uoglio moſtrare, che
queſto gentiliſſimo ſignore caminando, come e'fa di conti
nuo, per le ſue uirtuoſe operationi, arriuerà ſenza dubbio, & toſto al ſupremo grado d'honore. Il motto dice,
QVO TVA TE VIRTVS. Lo Illuſtriſſimo & Eccel.
Signore il S. Guido Vbaldo ſecondo Duca d'Vrbino, è uir
tuoſiſſimo & molto magnanimo Signore, & uero princi
pe, & percio degno non ſolamente di quel feliciſſimo &
tranquillo ſtato, che legittimamente e'poſſiede, ma d'hauer l'imperio del mondo: per eſſer'egli giuſtiſſimo, affa-

bile, & humano; tanto ch'egli ha tutti i suoi uassalli per
figliuoli & per fratelli. Ond'essi hanno ben cagione di ui=
uere lieti & contenti, & di ringratiar Dio, che habbia
lor dato si benigno, & tanto signore. Et non pure i suoi
sudditi, ma tutti glihuomini di buona intentione, e amici al
nome Italiano, debbono desidérargli lunghissima uita, &
perpetua felicità. Mantiene questo amabilissimo signore
appresso di se, & liberalmente fauorisce huomini di buo=
ne lettere & d'ottimi costumi, si come è il S. Mutio Giu=
stinopolitano, ilquale per la sua rara uirtù, & singolar
bontà d'animo, hoggi è tenuto in gran pregio, & molto
riuerito dal mondo; & per li dottissimi & moralissimi
scritti suoi celeberrimo, & dignissimo d'eterna fama.
P O M. Il S. Duca d'Vrbino ha tali & cosi illustri essem=
pi innanzi de' suoi precessori, che quando da se stesso egli
non fusse ottimo & uirtuoso, sarebbe stimolato da quegli
a fare opere lodeuoli, & conuenienti al grado che tiene.
L O. Per non tralignare dunque da' suoi santissimi mag=
giori, iquali furono famosissimi in pace e in guerra, tiene
di continuo si lodata & esemplar uita, che dopo se lascie
rà di se fama di rarissimo Principe, e inuiterà gli scritto=
ri, de' quali è molto benemerito, a far perpetua historia
de' suoi nobilissimi fatti. Volendo io dunque, si come io
son tenuto, mostrare alcuna gratitudine de' benefici & fa
uori riceuuti da sua Eccel. Illustrissima feci una Impre=
sa, ch'è un Carro trionfale tirato de quattro caual bian=
chi, con la corona dell'alloro sopra esso, & con tutti que=
gli ornamenti, che usauano in cio gliantichi Romani, col
motto, che dice MERITIS MINORA. Doue io

uoglio inferire, che i trionfi fono affai minori de meri-
ti fuoi. A R. Io uidi, non è molto, paffando per Vrbino,
doue la fama di quella nobiliffi. libraria m'haueua tratto,
una Imprefa, laquale mi fu detto, ch'era di quello Eccel.
Principe; cio eran tre Piramidi fenza alcun motto. Sapre-
ftemi uoi dire, M. Lodouico, qual foffe la intention fua?
L o. Certo non ue ne faprei dir nulla, anchora che io me-
riti in cio qualche riprenfione. perche il difetto fu mio.
Ch'effendo io ftato quefto Luglio paffato alla Corte d'Vr-
bino, la doue io fui molto accarezzato, et ben uifto dal S.
Duca, et da fuoi gentilhuomini, fe io n'haueffi domandato
il Dottiffimo et gentiliffimo M. Antonio Gallo, o l'inge-
gnofiffimo M. Bartolomeo Genga, l'uno et l'altro, per lor
cortefia, me lhaurebbe dichiarato. Ben potrei farui fopra
qualche ragioneuole difcorfo, et darui alcun uerifimile in-
telletto; ma il medefimo et molto meglio di me potete far
uoi con la fublimità et acutezza de'uoftri diuini ingegni.
Farò dunque fine a benefattori miei, ma prima ch'io fini-
fca il mio ragionamento, mi fon rifoluto di uolerlo côchiu-
dere col maggior principe et Re de'Chriftiani, ilquale è
il Sereniß. et potentiffimo. Don Filippo d'Auftria, figliu-
lo dell'Inuittiffimo Carlo V. Imperadore, Re d'Inghilter-
ra, et Principe di Spagna. Et benche forfe ui parro trop-
po ardito a parlare di cofi gran Principe, nondimeno uo-
glio che in cio mi fcufi la deuotione, che io porto a fua
Maeftà; e il non hauere anchora intefo che cofi grandiffi-
mo Re habbia leuato alcuna Imprefa. Però ui dico, come
effendo io nuouamente, et non fo quafi come, entrato in
quefto humore cofi diuerfo & lontano da miei ftudi, mi

fon tanto lafciato lufingare dal penfiero, che temeraria=
mente forfe, n'ho fognato una per fua M. laquale è l'anti
co Circo Romano, doue è pofto un uelocissimo cauallo,
che poftofi in corfo, è ufcito del Circo, et ha trapaffato la
meta. Il motto è prefo da un mezzo uerfo di Giuuenale,
dicendo NON SVFFICIT ORBIS. Et certo, s'io non
m'inganno nelle mie cofe, quefta Imprefa affai ben conuie
ne a cofi gran Re per piu rifpetti, fi per ragionare il
uerfo intero del poeta d'Aleffandro Magno, colquale
fua M. ha tanta conuenienza; come per auanzare ella di
gran lunga, la Imprefa del Chriftianiffimo Re Arrigo;
ilquale hauendo figurato la Luna crefcente col motto
DONEC TOTVM IMPLEAT ORBEM, par che fi
contenti dell'imperio del mondo. Doue il Re Filippo non
contento de molti Regni, ch'e poffiede legitimamente per
fucceffion paterna, ha ottenuto anchora il ricchiffimo
regno d'Inghilterra, ilquale fi puo dire, che fia fuor del
mondo con l'auttorità del Poeta, Et penitus toto diuifos
orbe Britannos. Oltra che confiderando al grande acqui
fto delle Indie Occidentali fatto dal feliciffimo fuo Pa=
dre, puo ragioneuolmente dire, che non gli bafti un mon=
do. Et però Dio profperando quefto fuo magnanimo pen
fiero, glie ne ua tuttauia fcoprendo; & fottometendo de
nuoui. Ora non mi parendo di potere piu altamente ter=
minare il mio ragionamento, gli farò fine in quefto gran
diffimo fignore: ringratiandoui, fi come io debbo, della
grata et cortefe udienza, che mi hauete data con intentio
ne di uoler renderui il cambio, et di piu d'hauerui obligo
infinito, quando a ciafcun di uoi piacerà ragionarmi d'al

cuno honorato foggetto degno de uoftri ftudi. P o M. Io
per me mi offero fempre prōtiffimo a fodisfare al uoftro
honefto defiderio ; benche io mi conofca piu tofto atto a
imparar da uoi, che a infegnarui. Ma prima ch'io pigli li=
cenza da uoi, io uorrei pur dirui anchora io la mia Im=
prefa, fe'ui contentate. L o. Anzi me ne farete fauor in=
finito P o M. Cio è l'Orige, ch'è uno animaletto terreftre,
ilqual nafce in Africa: et perche uoi fapete ; che quiui è ca
reftia d'acqua, patifce anchora egli grandiffima fete et ar
fura. Egli è però di tal fuftanza , & pieno di tanto fuco,
che egli ha addoffo che fcrue per ottima et dilicata beuan
da a ladri, i quali uanno a rubare in quel paefe . Si che a
me parebbe, che quefta inuentione piu tofto conueniffe a
uoi , ilquale date fi dolce beuanda a glialtri, prouedendo
ogniuno di belliffime Imprefe ; & uoi ui morite di fete. Pe
rò anchora io ne uoglio dare una a Voi, accioche fi come
il ragionamento uoftro hebbe principio & occafione da
una Voftra medaglia ; cofi il medefimo termini & hab=
bia fine in una uoftra Imprefa. Affomiglierò dunque Voi
alla Conca marina, onde nafcono le Margherite et Perle,
la quale fi apre da fe fteffa , & ponfi al fole aperta ; &
quanto è piu chiaro & piu fereno il giorno , tanto pro=
duce piu lucida & fina perla ; e il motto fia quefto .
L o. Voi m'honorate troppo piu ch'io non defidero, &
ch'io non merito. però ue ne rendo molte gratie, e a Dio
u'accomando. P o M. Et io ui lafcierò, effendo gia lhora
tarda , & chiamandomi lufficio mio a uifitar coloro,
c'hanno bifogno dell'induftria & opera mia .

IL FINE.

CPSIA information can be obtained
at www.ICGtesting.com
Printed in the USA
BVHW011800020821
613464BV00010B/111

9 781172 645336